KB252511

현금흐름표 작성과 분석 실무

주 홍 선

한국재정경제연구소 출판센터

제3판을 저술하면서....

개정판을 저술한 지 어느덧 8년이란 시간이 흘렀다. 외환위기와 리먼사태 이후 국제경제환경의 변화만큼이나 한국의 경제환경과 회계제도도 빠르게 변하고 있으며, 가장 큰 변화는 2011년부터 일반기업회계기준과 한국채택국제회계기준(K-IFRS)으로 회계기준이 이원화되었다는 것이다.

이번 개정판을 준비하면서 가장 고민했던 부분이 한국채택국제회계기준에 따른 현금흐름표 작성에 대한 부분이었다. 그러나 당초 이 책의 출간 목적이 이론서가 아닌 회사의 회계담당 실무자를 대상으로 현금흐름표 작성 방법에 대한 실무서이므로 한국채택국제회계기준에 따른 현금흐름표가 일반기업회계기준에 따른 현금흐름표와 형식과 일부 내용에 차이가 있지만, 작성 방법론은 크게 다르지 않다고 판단되어 일반기업회계기준을 기본으로 본서를 집필하였다.

한편, 2014년부터 새롭게 적용되는 중소기업회계기준이 현실적인 어려움을 반영하여 현금흐름표가 기본 재무제표에서 제외되었다는 것은 아쉬움이 남는 대목이다.

이번 개정판의 보완된 내역은 다음과 같다.

첫째, 현금흐름표 작성을 위한 엠에스소프트 엑셀 프로그램을 기존의 2003버전에서 2007버전으로 변경하였다. 현금흐름표 작성을 위하여 피벗테이블 기능을 이용하는 것은 동일하나 피벗테이블 방법이 일부 변경되었다.

둘째, 2011년부터 적용되는 일반기업회계기준에 따라 재무제표 및 관련 계정과목을 변경하였다.

셋째, 현금흐름표를 작성에서 일반기업회계기준과 한국채택국제회계기준의 다른 부분에 대하여 기본적인 설명을 하였다.

개정판이 늦어짐에도 애정 어린 격려로 묵묵히 기다려준 한국재정경제연구소 강석원 소장님과 출판센터 코페하우스에 감사를 드린다.

항상 부족함을 채워주시고 함께 고민해 주시는 선우회계법인 김수남 대표님을 비롯한 직원 여러분에게도 감사드리며, 사랑하는 가족에게도 함께 하지 못한 미안함을 전한다.

2014년 12월
하늘 아래 편안한 동네 천안에서
저자 주 홍 선

일반기업회계기준
'주식회사의 외부감사에 관한 법률'의 적용대상 기업 중 '한국채택국제회계기준'에 따라 회계처리하지 아니하는 기업이 적용해야 하는 회계처리기준

재무제표가 사실상 확정된 날
정기주주총회 제출용 재무제표가 이사회에서 최종 승인된 날. 다만, 주주총회에 제출된 재무제표가 주주총회에서 수정·승인된 경우에는 주주총회일을 말한다.

측정속성
자산, 부채 등 재무제표의 기본요소에 대한 화폐금액을 결정하기 위한 측정의 대상이 되는 일정한 속성

포괄손익
일정 기간 동안 주주와의 자본거래를 제외한 모든 거래나 사건에서 인식한 자본의 변동. 포괄손익에는 주주의 투자 및 주주에 대한 분배 등 자본거래를 제외한 모든 원천에서 인식된 자본의 변동이 포함된다.

현금및현금성자산
통화 및 타인발행수표 등 통화대용증권과 당좌예금, 보통예금 및 큰 거래비용 없이 현금으로 전환이 용이하고 이자율 변동에 따른 가치변동의 위험이 경미한 금융상품으로서 취득 당시 만기일(또는 상환일)이 3개월 이내인 것

차   례

제8장　현금흐름표의 작성연습

참고

제1장
현금흐름표의 개요

현금흐름표의 정의

현금흐름표(Statement of Cash flows)는 일정기간 동안의 회사의 현금흐름(현금의 유입과 유출내용)을 나타내는 동태적인 보고서로서 재무상태표, 손익계산서, 자본변동표와 함께 기본 재무제표에 속한다.

손익계산서의 한계

손익계산서는 당기순이익 정보를 제공함으로써 회사의 이익창출 능력을 평가할 수 있게 하지만, 일반적으로 회계정보 이용자들은 회사의 이익창출 능력뿐만 아니라 부채상환능력이나 배당금 지급능력 등에 많은 관심을 갖고 있다.

특히 경제환경의 불확실성이 높아지거나 불황기에는 손익보다도 현금흐름이 회사의 성과를 평가하는데 더 유용한 지표로 인식되고 있다. 손익구조가 양호하여 많은 당기순이익을 실현했음에도 불구하고 일시적인 자금부족으로 흑자 도산하는 회사와 같은 경우 손익계산서는 회계정보 이용자의 의사결정에 유용한 정보를 제공하지 못하게 된다.

현금흐름표의 역할

발생주의 회계원칙에 따라 작성된 재무상태표나 손익계산서가 현금흐름의 내용을 파악하고 미래의 현금흐름을 예측하는데 충분한 회계 정보를 제공해 주지 못하기 때문에 현금흐름표는 회사의 영업활동과 투자활동 및 재무활동으로 인하여 발생하는 현금흐름에 관한 전반적인 정보를 제공함으로써 재무상태표와 손익계산서를 보완하는 역할을 한다.

현금흐름표에서 「현금」이란

현금흐름표의 작성기준이 되는 현금의 개념은 재무상태표상의 현금 및 현금성자산을 말한다. 현금 및 현금성자산 이란
① 통화 및 타인발행수표 등 통화대용증권
② 수시로 입출금이 가능한 당좌예금과 보통예금
③ 큰 거래비용 없이 현금으로 전환이 용이하고 이자율 변동에 따른 가치변동의 위험이 중요하지 않은 금융상품으로서 취득 당시 만기 또는 상환일이 3개월 이내에 도래하는 것을 말한다.

한편, 제3장에서 설명하고 있는 것과 같이 기말 현재 미사용한 국고보조금을 현금의 차감 항목으로 계상하고 있는 경우 현금흐름표는 국고보조금을 차감하기 전 현금금액을 기준으로 작성하여야 한다.

> **참고**　만기일은 결산일이 아닌 취득일로부터 계산
>
> 금융상품 중 결산일 현재 만기가 3월 이내에 도래하더라도 취득 당시 만기가 3개월 이내에 도래하지 않으면 현금성자산에 해당하지 않는 것이다. 즉, 회사의 결산일이 12월 31일인 경우 8월 5일에 가입한 만기가 6개월인 정기예금(단기금융상품)은 결산일(12월31일) 현재 만기(익년 2월 5일)가 3개월 이내에 도래하지만, 취득 당시 만기가 3개월 이내 도래하지 않으므로 현금성자산에 해당하지 않는 것이다.

현금 및 현금성자산

실무적으로 대부분 회사는 현금이나 수시 입출금이 가능한 당좌예금이나 보통예금을 많이 보유하기보다는 수익성이 높은 정기예금이나 정기적금, 국공채, 회사채, 양도성예금증서(CD), 초단기수익증권(MMF) 등에 투자하고 있다..

이러한 금융상품이나 유가증권이 현금의 범위에 포함하는지 여부에 따라 현금흐름표는 크게 달라질 수 있으므로 먼저 현금의 개념을 정의하는 것이 매우 중요하다.

현금 및 현금성자산의 내역

구 분	내 역
통 화	동전(10원권, 100원권 등) 및 지폐(1,000원권, 10,000원권 등)
통화대용 증권	타인발행수표, 자기앞수표, 우편환증서, 배당금수령통지서, 만기가 도래한 채권이자쿠폰 등
당좌예금·보통예금	수시 입출금이 가능한 예금(당좌차월은 총액기준에 의하여 당좌예금과 상계하지 않고 재무활동에 의한 차입거래로 봄)
현금성자산	큰 거래비용 없이 현금으로 전환이 용이하고 이자율 변동에 따른 가치변동 위험이 중요하지 않은 금융상품으로서 취득 당시 만기 또는 상환일이 3개월 이내에 도래하는 것 • 취득 당시 만기가 3개월 이내에 도래하는 채권 • 취득 당시 상환일이 3개월 이내에 도래하는 상환우선주 • 취득 당시 3개월 이내의 환매조건이 있는 환매채 • 취득 당시 만기가 3개월 이내에 도래하는 단기금융상품(정기예금, 정기적금, 양도성예금증서, 기업어음 등)

회사가 가입한 MMT(Money Market Trust) 계약은 유가증권이 아니라 위탁자가 단독 직접투자를 할 수 있는 금융상품으로, 회사가 직접신탁금을 운용하는 것과 거래의 실질이 동일하므로 MMT 구성자산을 회사가 직접 보유하고 있는 것으로 회계처리 하는 것이 타당하며 현금 및 현금성자산의 정의를 총족하는 MMT의 구성자산은 재무제표에 현금 및 현금성자산으로 표시할 수 있다.

3. 현금흐름표의 유용성

현금흐름표는 일정기간 동안 회사의 현금흐름을 영업활동, 투자활동, 재무활동 별로 구분하여 현금의 유입과 유출 내용을 나타냄으로써 회계정보이용자들에게 다음과 같은 유용한 정보를 제공한다.

⠿ 미래현금흐름과 지급능력

◉ 회사의 미래현금흐름을 예측하고 평가하는 데 필요한 정보를 제공

영업활동에서 조달된 현금흐름과 매출액의 관계를 알 수 있게 되어 미래에 발생할 현금흐름의 금액과 귀속시기 및 불확실성을 예측하고 평가하는데 필요한 정보를 제공한다.

◉ 회사의 지급능력을 평가하는데 필요한 정보를 제공

투자 및 재무활동으로 인한 현금흐름에 관한 정보를 검토함으로써 회사의 부채상환능력, 배당금지급능력, 외부 또는 내부자금조달의 필요성에 관한 정보를 제공한다.

❖ 이익의 질(Quality)에 대한 정보를 제공

발생주의 회계원칙에 의한 손익계산서상의 당기순이익은 많은 가정과 임의적인 추정 및 평가가 불가피하게 개입되므로 신뢰성 측면에서 문제가 있다. 그러나 현금흐름표는 이러한 문제가 발생되지 않아 신뢰성 높은 정보가 제공되며, 회사의 당기순이익과 현금흐름을 비교하여 이익의 질을 평가할 수 있다. 두 회사가 동일한 수준의 당기순이익을 실현하더라도 영업활동으로 인한 현금흐름액의 차이가 있다면 이익의 질은 다르다고 평가할 수 있다.

▒ 투자와 재무 활동 및 재무비율분석

❖ 투자활동과 재무활동이 회사의 재무상태에 미친 영향에 대한 정보를 제공

투자활동과 재무활동으로 유입된 현금과 유출된 현금에 대한 정보를 제공함으로써 기중에 자산이나 부채 및 자본이 증가 또는 감소하게 된 원인을 이해하는데 도움을 준다.

❖ 유용한 재무비율분석에 대한 정보를 제공

현금흐름표의 활동별 현금흐름을 이용한 다음과 같은 재무비율분석을 통하여 회사에 대한 이해와 의사결정에 도움되는 정보를 제공한다.

① 당기순이익 / 영업활동으로 인한 현금흐름

② 영업활동으로 인한 현금흐름 / 유형자산 순투자액(또는 투자활동
으로 인한 현금흐름)

③ 영업활동으로 인한 현금흐름 / 순금융비용

④ 영업활동으로 인한 현금흐름 / 유동성차입금

⑤ 영업활동으로 인한 현금흐름 / 총차입금액(또는 총부채금액)

⑥ 영업활동으로 인한 현금흐름 / 현금배당금

⑦ 영업활동으로 인한 현금흐름 / 발행주식수(또는 유통보통주식수)

⑧ 영업활동으로 인한 현금흐름 / 주당 영업활동으로 인한 현금흐름

현금흐름표는 앞에서 살펴 본 유용성에도 불구하고 다음과 같은 한계점을 갖고 있다.

의사결정의 한계

현금의 개념이 현금 및 현금성자산에 국한되어 단기금융상품이나 유가증권, 매출채권, 재고자산 등 유동항목으로부터의 현금흐름도 기재하므로 현금흐름표가 너무 자세하고 복잡할 뿐만 아니라, 현금성자산에 해당되지 않는 정기예금 등에 투자하는 경우 순현금 유입액이 작아지므로 이에 근거하여 잘못된 의사결정을 할 수 있다.

정보제공의 한계

현금흐름표는 현금을 수반하지 않는 중요한 거래를 나타내지 못한다. 외상이나 현물출자에 의한 유형자산의 취득, 건설중인자산의 본 계정 대체, 무상감자나 무상증자, 주식배당, 전환사채의 전환이나 차입금의 출자전환 등은 회계정보이용자들에게 중요한 거래이나 현금흐름표는 이러한 정보를 제공하지 못한다. 따라서 일반기업회계기준에서는 현금의 유입과 유출이 없는 거래 중에서 중요한 사항에 대하여는 주석으로 기재하도록 규정하고 있다.

:: 자료비용의 한계

현금흐름표는 재무상태표와 손익계산서를 이용하여 사후적으로 작성하기 때문에 재무상태표의 계정분류에 오류가 있거나 경영활동(영업활동, 투자활동, 재무활동)을 분류하는데 오류가 있는 경우 왜곡된 정보를 제공할 수 있다.

:: 회계시스템 적용의 한계

현금흐름표는 다른 재무제표와 달리 전산화된 회계시스템을 통하여 작성하기에는 한계가 있으므로 회계 담당자가 수작업으로 작성해야 하는 어려움이 있다. 회계정보의 제공에 소요되는 비용보다 회계정보이용자가 정보를 제공 받음으로써 얻게 되는 효익이 더 커야 한다는 효율성 측면에서 재무상태표나 손익계산서보다 현금흐름표는 비효율적이다.

제2장
현금흐름표의 양식

구분표시

현금흐름표는 현금흐름을 영업활동으로 인한 현금흐름, 투자활동으로 인한 현금흐름, 재무활동으로 인한 현금흐름으로 구분하여 표시하고, 이에 기초의 현금을 가산하여 기말의 현금을 산출하는 형식으로 표시한다.

기본양식

현금흐름표의 기본 양식은 영업활동으로 인한 현금흐름을 표시하는 방법에 따라 직접법과 간접법으로 구분된다. 투자활동으로 인한 현금흐름과 재무활동으로 인한 현금흐름은 직접법과 간접법에 차이가 없으며, 투자활동 및 재무활동으로 인한 현금 유입액과 유출액을 구분하여 표시한다.

작성규정

현행 일반기업회계기준은 직접법에 의한 현금흐름표와 간접법에 의한 현금흐름표 모두를 인정하고 있으며, 당기분과 전기분을 비교

하는 방식으로 작성하도록 규정하고 있다. 물론 사업보고서 제출의
무가 있는 증권거래소 상장법인과 코스닥시장 등록법인 등은 당기
와 전기의 중간기간(보통 분기)별 해당분과 누적분을 비교하도록 규
정하고 있다.

∷ 현금흐름표의 기본양식

〈현금흐름표 기본양식〉

직 접 법	간 접 법
Ⅰ. 영업활동으로 인한 현금흐름 　1. 매출 등 수익활동으로부터의 유입액 　2. 매입 및 종업원에 대한 유출액 　3. 이자수익 유입액 　4. 배당금수익 유입액 　5. 이자비용 유출액 　6. 법인세의 지급	Ⅰ. 영업활동으로 인한 현금흐름 　1. 당기순이익 　2. 현금의 유출이 없는 비용 등의 가산 　3. 현금의 유입이 없는 수익 등의 차감 　4. 영업활동으로 인한 자산·부채의 변동
Ⅱ. 투자활동으로 인한 현금흐름 　1. 투자활동으로 인한 현금 유입액 　2. 투자활동으로 인한 현금 유출액	Ⅱ. 투자활동으로 인한 현금흐름 　1. 투자활동으로 인한 현금 유입액 　2. 투자활동으로 인한 현금 유출액
Ⅲ. 재무활동으로 인한 현금흐름 　1. 재무활동으로 인한 현금 유입액 　2. 재무활동으로 인한 현금 유출액	Ⅲ. 재무활동으로 인한 현금흐름 　1. 재무활동으로 인한 현금 유입액 　2. 재무활동으로 인한 현금 유출액
Ⅳ. 현금의 증가(감소)	Ⅳ. 현금의 증가(감소)
Ⅴ. 기초의 현금	Ⅴ. 기초의 현금
Ⅵ. 기말의 현금	Ⅵ. 기말의 현금

▪▪ 현금흐름표(직접법) 예시

현금흐름표 표준양식: 일반기업회계기준 제2장 (재무제표의 작성과 표시)

현금흐름표(직접법)

제×3기 20××년 ×월 ×일부터 20××년 ×월 ×일까지
제×2기 20××년 ×월 ×일부터 20××년 ×월 ×일까지

회사명 (단위 : 원)

과　　　목	제×3기 (당기)		제×2기 (전기)	
	금	액	금	액
Ⅰ. 영업활동으로 인한 현금흐름		xxx		xxx
매출 등 수익활동으로부터의 유입액	xxx		xxx	
매입 및 종업원에 대한 유출액	xxx		xxx	
이자수익 유입액	xxx		xxx	
배당금수익 유입액	xxx		xxx	
이자비용 유출액	xxx		xxx	
당기법인세부채의 지급	xxx		xxx	
Ⅱ. 투자활동으로 인한 현금흐름		xxx		xxx
1. 투자활동으로 인한 현금 유입액	xxx		xxx	
단기투자자산의 처분	xxx		xxx	
유가증권의 처분	xxx		xxx	
토지의 처분	xxx		xxx	
2. 투자활동으로 인한 현금 유출액	xxx		xxx	
현금의 단기대여	xxx		xxx	
단기투자자산의 취득	xxx		xxx	
유가증권의 취득	xxx		xxx	
토지의 취득	xxx		xxx	
개발비의 지급	xxx		xxx	
Ⅲ. 재무활동으로 인한 현금흐름		xxx		xxx
1. 재무활동으로 인한 현금 유입액	xxx		xxx	
단기차입금의 차입	xxx		xxx	
사채의 발행	xxx		xxx	
보통주의 발행	xxx		xxx	
2. 재무활동으로 인한 현금 유출액	xxx		xxx	
단기차입금의 상환	xxx		xxx	
사채의 상환	xxx		xxx	
유상감자	xxx		xxx	
Ⅳ. 현금의 증가(감소)(Ⅰ+Ⅱ+Ⅲ)		xxx		xxx
Ⅴ. 기초의 현금		xxx		xxx
Ⅵ. 기말의 현금		xxx		xxx

현금흐름표(간접법) 예시

현금흐름표 표준양식: 일반기업회계기준 (제2장 재무제표의 작성과 표시)

현금흐름표(간접법)

제×3기 20××년 ×월 ×일부터 20××년 ×월 ×일까지

제×2기 20××년 ×월 ×일부터 20××년 ×월 ×일까지

회사명   (단위 : 원)

과 목	제x3(당)기		제x2(전)기	
	금	액	금	액
Ⅰ. 영업활동으로 인한 현금흐름		xxx		xxx
1. 당기순이익(손실)	xxx		xxx	
2. 현금의유출이없는비용등의가산	xxx		xxx	
3. 현금의유입이없는수익등의차감	xxx		xxx	
4. 영업활동으로인한자산·부채의변동	xxx		xxx	
매출채권의 감소(증가)	xxx		xxx	
매입채무의 증가(감소)	xxx		xxx	
Ⅱ. 투자활동으로 인한 현금흐름		xxx		xxx
1. 투자활동으로 인한 현금 유입액	xxx		xxx	
단기투자자산의 처분	xxx		xxx	
유가증권의 처분	xxx		xxx	
토지의 처분	xxx		xxx	
2. 투자활동으로 인한 현금 유출액	xxx		xxx	
현금의 단기대여	xxx		xxx	
단기투자자산의 취득	xxx		xxx	
유가증권의 취득	xxx		xxx	
토지의 취득	xxx		xxx	
개발비의 지급	xxx		xxx	
Ⅲ. 재무활동으로 인한 현금흐름		xxx		xxx
1. 재무활동으로 인한 현금 유입액	xxx		xxx	
단기차입금의 차입	xxx		xxx	
사채의 발행	xxx		xxx	
보통주의 발행	xxx		xxx	
2. 재무활동으로 인한 현금 유출액	xxx		xxx	
단기차입금의 상환	xxx		xxx	
사채의 상환	xxx		xxx	
유상감자	xxx		xxx	
Ⅳ. 현금의 증가(감소)(Ⅰ+Ⅱ+Ⅲ)		xxx		xxx
Ⅴ. 기초의 현금		xxx		xxx
Ⅵ. 기말의 현금		xxx		xxx

영업활동과 현금흐름

영업활동으로 인한 현금흐름은 회사의 현금흐름 중 가장 중요한 부분이며, 현금흐름표에서도 가장 핵심적인 부분에 해당된다.

영업활동은 일반적인 상거래 활동으로서 원재료와 상품의 매입, 제품의 생산, 용역의 구입 및 이들의 판매활동을 말한다. 한편, 일반기업회계기준에서는 영업활동을 정의함에 있어 이러한 활동 외에도 투자활동과 재무활동에 속하지 않는 모든 거래를 포함한다고 폭넓게 규정하고 있다.

이로 인하여 종업원에 대한 급여 지급과 같은 인사활동이나 사실상 투자활동에 속하는 이자수익과 배당금수익, 재무활동에 속하는 이자비용 등도 영업활동으로 인한 현금흐름으로 분류된다.

영업활동 현금흐름은 사업활동의 지속, 차입금의 상환, 배당금 지급 및 신규투자 등에 필요한 현금을 외부로부터 조달하지 않고 생산과 판매활동, 상품과 용역의 구매와 판매활동 및 관리활동 등 자체적인 영업활동으로부터 얼마나 창출하였는지에 대한 정보를 제공한다.

▪▪ 영업활동으로 인한 현금의 유입

① 제품이나 상품의 현금판매 등 일반적 상거래로 인한 현금유입

② 매출채권(외상매출금 및 받을어음)의 현금회수

③ 이자수익과 배당금수익에 따른 현금유입

④ 기타 투자활동과 재무활동에 속하지 않는 모든 거래에서 발생된
   현금유입

▪▪ 영업활동으로 인한 현금의 유출

① 원재료나 상품 현금구입 등 일반적인 상거래로 인한 현금유출

② 매입채무(외상매입금 및 지급어음)의 현금지급

③ 기타 상품과 용역의 공급자 및 종업원에 대한 현금유출

④ 법인세의 지급

⑤ 이자비용의 현금지급

⑥ 기타 투자활동과 재무활동에 속하지 않는 모든 거래에서 발생된
   현금유출

3. 영업활동으로 인한 현금흐름의 표시방법

∷ 영업활동으로 인한 현금흐름 표시방법

현금흐름표는 영업활동으로 인한 현금흐름의 표시방법에 따라 직접법과 간접법에 의한 양식으로 구분된다.

현행 일반기업회계기준에서는 직접법에 의한 현금흐름표와 간접법에 의한 현금흐름표 두 가지를 모두 인정하고 있으나, 현금흐름표를 직접법으로 작성하는 경우 당기순이익과 당기순이익에 가감할 항목에 대한 내역을 주석으로 기재하도록 규정하고 있다.

결국, 현금흐름표를 직접법으로 작성하였더라도 주석 기재를 위하여 간접법에 의한 현금흐름표를 다시 작성해야 하는 번거로움이 있으며, 간접법에 의한 작성방법이 직접법보다 쉽기 때문에 실무상 외부보고용 현금흐름표를 직접법에 의하여 작성하는 경우는 거의 없는 것이 현실이다.

∷ 직접법

직접법은 영업활동으로 인한 현금흐름을 현금을 증가시키는 개별 수익항목에서 현금을 감소시키는 개별 비용항목을 차감하여 표시하는 방법이다.

간접법은 발생주의 수익에서 발생주의 비용을 차감한 당기순이익 (순액)에서 일부 항목을 조정하여 영업활동으로 인한 현금흐름을 산정하는 방법임에 비하여, 직접법은 현금을 수반하여 발생한 수익항목과 현금을 수반하여 발생한 비용항목을 총액으로 표시하는 방법이다.

즉, 직접법에 의하면 현금 유입액은 매출액, 이자수익, 배당금수익, 기타영업관련 수익 등 현금의 유입 원천별로 총액을 표시하고, 현금 유출액은 매입, 종업원에 대한 지출, 이자비용, 기타 영업관련 비용 등 현금의 유출 용도별로 총액을 표시하여 영업활동으로 인한 현금흐름을 산정하는 방법이다.

•• 간접법

간접법은 손익계산서상의 당기순이익이 현금이익이라는 가정에 기초하여 영업활동으로 인한 현금흐름을 당기순이익에 현금의 유출이 없는 비용 등을 가산하고 현금의 유입이 없는 수익 등을 차감하며, 영업활동으로 인한 자산·부채의 변동금액을 가감하여 표시하는 방법을 말한다.

직접법과 간접법 차이

결국 현금흐름표를 직접법으로 작성하든 간접법으로 작성하든 발생주의에 의한 금액을 현금주의에 의한 금액으로 전환하는 과정이라 할 수 있다.

직접법은 발생주의에 의한 각각의 개별 수익항목과 개별 비용항목별로 조정과정을 통하여 현금주의 금액을 산정한 후 현금주의에 의한 개별 수익항목과 개별 비용항목을 가감하여 영업활동으로 인한 현금흐름을 표시하는 방법이고,

간접법은 발생주의에 의한 당기순이익에 조정과정을 통하여 영업활동으로 인한 현금흐름을 표시하는 방법이다.

직접법과 간접법의 예시

영업활동으로 인한 현금흐름을 직접법에 의한 현금흐름표와 간접법에 의한 현금흐름표 양식으로 표시하면 다음과 같다.

영업활동으로 인한 현금흐름

직 접 법	간 접 법
I. 영업활동으로 인한 현금흐름	I. 영업활동으로 인한 현금흐름
1. 매출 등 수익활동으로부터의 유입액	1. 당기순이익
1) 매출액(발생주의)	2. 현금의 유출이 없는 비용 등의 가산
2) 매출채권의 감소(증가)	1) 퇴직급여
3) 선수금의 증가(감소)	2) 대손상각비
4) 대손금액(발생액)	3) 감가상각비
2. 매입 및 종업원에 대한 유출액	4) 무형자산상각비
1) 매입액(발생주의)	5) 단기매매증권평가손실
2) 재고자산의 감소(증가)	6) 지분법손실
3) 선급금의 감소(증가)	7) 투자자산처분손실
4) 매입채무의 증가(감소)	8) 유형자산처분손실
5) 판매비와관리비의 현금지급	9) 이자비용(상각비)
3. 이자수익 유입액	3. 현금의 유입이 없는 수익 등의 차감
1) 이자수익(발생주의)	1) 단기매매증권평가이익
2) 선수이자의 증가(감소)	2) 지분법이익
3) 미수이자의 감소(증가)	3) 투자자산처분이익
4. 배당금수익 유입액	4) 유형자산처분이익
5. 이자비용 유출액	5) 사채상환이익
1) 이자비용	4. 영업활동으로 인한 자산.부채의 변동
2) 선급이자의 감소(증가)	1) 매출채권의 감소(증가)
3) 미지급이자의 증가(감소)	2) 선급금의 감소(증가)
6. 법인세의 지급	3) 선급비용의 감소(증가)
1) 법인세비용	4) 미수수익의 감소(증가)
2) 당기법인세자산의 감소(증가)	5) 재고자산의 감소(증가)
3) 당기법인세부채의 증가(감소)	6) 이연법인세자산의 감소(증가)
	7) 매입채무의 증가(감소)
	8) 선수금의 증가(감소)
	9) 미지급비용의 증가(감소)
	10) 당기법인세부채의 증가(감소)
	11) 퇴직금의 지급

■■ 투자활동과 현금흐름 :

투자활동은 현금의 대여와 회수활동, 유가증권·투자자산·유형자산 및 무형자산의 취득과 처분 활동과 같이 자산계정에 영향을 미치는 거래를 말한다.

그러나 자산 항목 중 영업활동과 직접적인 관계가 있는 매출채권, 선급금, 미수수익, 선급비용, 재고자산, 장기성 매출채권, 이연법인세자산 등의 계정은 변동금액의 순액을 영업활동으로 인한 현금흐름에 포함되는 것으로 한다.

물론 현금성자산에 포함되는 금융상품이나 유가증권의 취득과 처분은 투자활동으로 인한 현금흐름에 포함되지 않는다.

투자활동 현금흐름은 미래 영업 현금흐름을 창출할 자원의 확보와 처분에 관련된 현금흐름에 대한 정보를 제공한다.

■■ 투자활동으로 인한 현금 유입액

① 대여금의 회수 : 단기대여금 및 장기대여금 등의 감소
② 유가증권의 처분 : 단기매매증권, 매도가능증권, 매도가능증권 및 지분법적용투자주식 등의 처분

③ 당좌자산의 처분 : 단기금융상품, 미수금 등의 처분

④ 투자자산의 처분 : 장기금융상품, 투자부동산, 보증금 등의 처분

⑤ 유형자산의 처분 : 토지, 건물, 기계장치, 차량운반구, 비품 등의
   처분

⑥ 무형자산의 처분 : 영업권, 산업재산권 등의 처분

❖ 투자활동으로 인한 현금 유출액

① 현금의 대여 : 단기대여금 및 장기대여금 등의 증가

② 유가증권의 취득 : 단기매매증권, 매도가능증권, 매도가능증권 및
   지분법적용투자주식 등의 취득

③ 당좌자산의 취득 : 단기금융상품, 미수금 등의 취득

④ 투자자산의 취득 : 장기금융상품, 투자부동산, 보증금 등의 취득

⑤ 유형자산의 취득 : 토지, 건물, 기계장치, 차량운반구, 비품 등의
   취득

⑥ 무형자산의 취득 : 영업권, 산업재산권 등의 취득

❖ 유의사항

투자활동 중 현금의 유입과 유출을 수반하지 않는 투자활동은 현금흐름표에 표시되지 않는다.

즉, 건물을 외상으로 취득하거나 토지를 외상으로 처분하는 경우 또는 건설 중인 자산을 건물이나 기계장치 등 본 계정으로 대체하는

경우, 관련 투자활동은 현금흐름표에 표시되지 않으며, 중요한 거래 일 경우에는 그 내용을 주석으로 기재하여야 한다.

또한, 투자자산이나 유형자산 등을 처분하는 경우 현금흐름표에 표시되는 금액은 해당 자산의 처분으로 인하여 유입되는 현금액이 지 장부가액이 아님에 유의하여야 한다.

:: 투자활동으로 인한 현금흐름 예시

투자활동으로 인한 현금흐름의 내역은 다음과 같다.

<table>
<tr><td colspan="2" align="center">투자활동으로 인한 현금흐름</td></tr>
<tr><td>1. 투자활동으로 인한 현금 유입액</td><td>2. 투자활동으로 인한 현금 유출액</td></tr>
<tr><td>1) 단기금융상품의 처분</td><td>1) 단기금융상품의 취득</td></tr>
<tr><td>2) 단기매매증권의 처분</td><td>2) 단기매매증권의 취득</td></tr>
<tr><td>3) 단기대여금의 회수</td><td>3) 단기대여금의 증가</td></tr>
<tr><td>4) 미수금의 감소</td><td>4) 미수금의 증가</td></tr>
<tr><td>5) 장기금융상품의 처분</td><td>5) 장기금융상품의 취득</td></tr>
<tr><td>6) 장기대여금의 회수</td><td>6) 장기대여금의 증가</td></tr>
<tr><td>7) 매도가능증권의 처분</td><td>7) 매도가능증권의 취득</td></tr>
<tr><td>9) 지분법적용투자주식의 처분</td><td>8) 매도가능증권의 취득</td></tr>
<tr><td>8) 매도가능증권의 처분</td><td>9) 지분법적용투자주식의 취득</td></tr>
<tr><td>10) 보증금의 감소</td><td>10) 보증금의 증가</td></tr>
<tr><td>11) 토지의 처분</td><td>11) 토지의 취득</td></tr>
<tr><td>12) 건물의 처분</td><td>12) 건물의 취득</td></tr>
<tr><td>13) 기계장치의 처분</td><td>13) 기계장치의 취득</td></tr>
<tr><td>14) 산업재산권의 처분</td><td>14) 건설중인자산의 증가</td></tr>
<tr><td></td><td>15) 개발비의 지급</td></tr>
</table>

5. 재무활동으로 인한 현금흐름

재무활동과 현금흐름

재무활동은 현금의 차입 및 상환 활동, 신주발행이나 배당금의 지급활동 등과 같이 부채 및 자본계정에 영향을 미치는 거래를 말한다.

그러나 부채 항목 중 영업활동과 직접적인 관계가 있는 매입채무, 선수금, 선수수익, 미지급비용, 이연법인세자산(부채), 퇴직급여충당부채 등의 계정은 변동금액의 순액을 영업활동으로 인한 현금흐름에 포함되는 것으로 한다.

재무활동 현금흐름은 주주, 채권자 등이 현금흐름에 대한 청구권을 예측하는데 유용한 정보를 제공하며, 영업활동 및 투자활동의 결과 창출된 잉여 현금흐름이 어떻게 배분되는지 나타내어 준다.

재무활동으로 인한 현금 유입액

- 부채의 증가 : 미지급금의 증가, 단기차입금의 차입, 장기차입금의 차입, 사채의 발행 등
- 자본의 증가 : 주식의 발행, 자기주식의 처분 등

 현금흐름표 작성과 분석 실무

❖ 재무활동으로 인한 현금 유출액

- 부채의 감소 : 미지급금의 감소, 단기차입금의 상환, 장기차입금의
  상환, 사채의 상환 등
- 자본의 감소 : 배당금의 지급, 유상감자, 자기주식의 취득 등

❖ 유의사항

부채를 상환하는 경우 현금흐름표에 표시되는 금액은 해당 부채의 상환으로 인하여 유출되는 현금액이지 장부가액이 아니므로 관련 손익항목은 영업활동으로 인한 현금흐름에서 가감하여야 한다.

물론, 사채를 발행하거나 할증으로 유상증자를 하는 경우 현금흐름표에 표시되는 금액은 발행가액이 되는 것이다.

투자활동과 마찬가지로 재무활동 중 현금의 유입과 유출을 수반하지 않는 재무활동은 현금흐름표에 표시되지 않는다.

즉, 차입금을 자본금으로 출자전환 하거나 전환사채를 전환하는 경우와 주식배당을 하는 경우 관련 재무활동은 현금흐름표에 표시되지 않으며, 중요한 거래일 경우에는 그 내용을 주석으로 기재하여야 한다.

:: 계정별 총액 표시

간접법에 의한 영업활동으로 인한 현금흐름과는 달리, 투자활동이나 재무활동으로 인하여 현금이 유입되고 유출되는 거래는 각각 계정별로 총액으로 표시한다.

따라서 투자활동으로 인한 현금흐름과 재무활동으로 인한 현금흐름은 굳이 표현한다면 직접법에 해당한다고 할 수 있다.

다만, 당좌차월과 같이 거래가 빈번하여 총 금액이 크고 단기간에 만기가 도래하는 현금의 유입과 유출 항목은 총액으로 표시하지 않고 순 증감액으로 기재할 수 있다.

◈ 재무활동으로 인한 현금흐름 예시

재무활동으로 인한 현금흐름의 내역은 다음과 같다.

재무활동으로 인한 현금흐름

1. 재무활동으로 인한 현금 유입액	2. 재무활동으로 인한 현금 유출액
1) 단기차입금의 차입	1) 단기차입금의 상환
2) 미지급금의 증가	2) 미지급금의 감소
3) 장기차입금의 차입	3) 장기차입금의 상환
4) 사채의 발행	4) 사채의 상환
5) 전환사채의 발행	5) 전환사채의 상환
6) 신주인수권부사채의 발행	6) 신주인수권부사채의 상환
7) 보통주의 발행	7) 유상감자
8) 자기주식의 처분	8) 배당금의 지급
	9) 자기주식의 취득

제3장
현금흐름표(간접법)
구분표시의 특수사항

종업원에 대한 유출

기업의 인사활동과 관련하여 발생한 종업원에 대한 유출은 그 내역을 구분하지 않고 항상 영업활동으로 인한 현금흐름으로 구분한다.

따라서 종업원에 대한 유출이 급여나 임금, 복리후생비 등과 같은 비용 항목으로 당기순이익에 영향을 미쳤다면 이미 영업활동으로 인한 현금흐름에 반영되어 있으므로 별도의 조정은 필요하지 않다.

퇴직급여와 퇴직급여지급액

그러나 퇴직급여는 현금의 유출을 수반하지 않는 비용이므로 「Ⅰ. 영업활동으로 인한 현금흐름」 중 「2. 현금의 유출이 없는 비용 등의 가산」에 포함하여 당기순이익에 가산한다.

퇴직금지급액(퇴직급여충당부채의 감소액)은 「Ⅰ. 영업활동으로 인한 현금흐름」 중 「4. 영업활동으로 인한 자산·부채의 변동」에 포함하여 당기순이익에서 차감한다.

현금흐름 작성

다음 자료를 이용하여 영업활동으로 인한 현금흐름을 작성하자.
- 당기순이익 : 220,000원
- 퇴직급여 : 손익계산서 30,000원,
- 제조원가명세서 10,000원
- 종업원 퇴직에 따른 퇴직금 지급액 : 60,000원

작성

영업활동으로 인한 현금흐름

과　　목	금	액
Ⅰ. 영업활동으로 인한 현금흐름		200,000
1. 당기순이익	220,000	
2. 현금의 유출이 없는 비용 등의 가산	40,000	
퇴직급여	40,000	
3. 현금의 유입이 없는 수익 등의 차감	-	
4. 영업활동으로 인한 자산·부채의 변동	(-)60,000	
퇴직금지급액	(-)60,000	

주) 1. 퇴직급여는 현금의 유출이 없는 비용이므로 가산함
　　2. 퇴직금지급액만큼 영업활동과 관련된 부채인 퇴직급여충당부채가 감소하
　　　　였으므로 차감함

대손상각비는 일반적인 상거래 채권인 매출채권과 관련하여 발생된 것으로 영업활동으로 인한 현금흐름으로 구분하여야 한다.

:: 가산

대손상각비는 현금의 유출을 수반하지 않는 비용이므로 「Ⅰ. 영업활동으로 인한 현금흐름」 중 「2. 현금의 유출이 없는 비용 등의 가산」에 포함하여 당기순이익에 가산한다.

:: 가감

매출채권의 증감 금액은 대손충당금을 반영한 금액으로 하여 「Ⅰ. 영업활동으로 인한 현금흐름」 중 「4. 영업활동으로 인한 자산·부채의 변동」에 포함하여 당기순이익에서 가감한다.

물론 매출채권에서 대손충당금을 차감한 순액으로 현금의 유입액(또는 유출액)을 산정하여도 금액은 동일하나, 대손상각비가 표시되지 않으므로 대손상각비와 매출채권의 증감 금액은 각각 산정하여야 한다.

기타 대손상각비

기타의 대손상각비는 일반적인 상거래 채권이 아닌 미수금이나 대여금 등에서 발생된 것으로 투자활동과 관련되어 있지만, 대손상각비와 마찬가지로 현금의 유출을 수반하지 않는 비용이므로 「Ⅰ. 영업활동으로 인한 현금흐름」 중 「2. 현금의 유출이 없는 비용 등의 가산」에 포함하여 당기순이익에 가산한다.

:: 현금흐름 작성

예제

다음 자료를 이용하여 영업활동으로 인한 현금흐름을 작성하자.

- 당기순이익 : 220,000원
- 매 출 채 권 : 기초금액 66,000원, 기말금액 88,000원
- 대손충당금 : 기초금액 6,000원, 기말금액 8,000원
- 대손상각비 : 3,000원
- 당기 중 외상매출액은 23,000원이며, 대손충당금과 상계 처리된 매출채권
  은 1,000원이다.

작성

영업활동으로 인한 현금흐름

과　　　목	금	액
Ⅰ. 영업활동으로 인한 현금흐름		200,000
1. 당기순이익	220,000	
2. 현금의 유출이 없는 비용 등의 가산	3,000	
대손상각비	3,000	
3. 현금의 유입이 없는 수익 등의 차감	-	
4. 영업활동으로 인한 자산·부채의 변동	(-)23,000	
매출채권의 증가	(-)23,000	

주) 1. 대손상각비는 현금의 유출이 없는 비용이므로 가산함
　　2. 외상매출액 만큼 영업활동과 관련된 자산인 매출채권이 증가되었으므로
　　　 차감함. 기초 매출채권 66,000원에서 대손충당금과 상계 처리된 1,000원을
　　　 차감하고 외상매출액 23,000원을 가산하면 기말 매출채권은 88,000원임

3. 이자수익과 이자비용

이자수익은 일반적으로 금융상품이나 유가증권, 대여금 등의 투자활동에서 발생하고 이자비용은 차입금이나 사채 등의 재무활동에서 발생한다.

따라서 투자활동이나 재무활동과 관련하여 발생한 이자수익과 이자비용은 투자활동으로 인한 현금흐름과 재무활동으로 인한 현금흐름으로 분류하는 것이 논리적으로 타당하다.

그러나 이자수익은 현금 및 현금성자산 자체에서도 발생할 수 있으며, 실무상 이자수익과 이자비용의 발생 원천을 일일이 구분하여 당기순이익에 차감 또는 가산하여 영업활동으로 인한 현금흐름을 구분하는 것은 매우 복잡할 뿐만 아니라, 구분 표시에 따른 효익이 비용보다 크다고 할 수 없다.

∷ 조정

따라서 현금흐름표 작성의 편의상 이자수익과 이자비용은 이미 당기순이익에 반영되어 있으므로 「Ⅰ. 영업활동으로 인한 현금흐름」 중 「2. 현금의 유출이 없는 비용 등의 가산」이나 「3. 현금의 유입이 없는 수익 등의 차감」에서 가감하지 않고 관련 미지급비용이나 미수수익의 증가(감소)액을 「Ⅰ. 영업활동으로 인한 현금흐름」 중 「4. 영업활동으로 인한 자산·부채의 변동」에서 조정한다.

:: 차감

한편, 이자수익 중 자산항목의 현재가치할인차금 상각액과 사채할증발행차금 환입액은 현금의 유입을 수반하지 않는 수익이므로 「Ⅰ. 영업활동으로 인한 현금흐름」 중 「3. 현금의 유입이 없는 수익 등의 차감」 등에 포함하여 당기순이익에서 차감한다.

:: 가산

이자비용 중 부채항목의 현재가치할인차금 상각액과 사채할인발행차금 상각액은 현금의 유출을 수반하지 않는 비용이므로 「Ⅰ. 영업활동으로 인한 현금흐름」 중 「2. 현금의 유출이 없는 비용 등의 가산」에 포함하여 당기순이익에 가산한다.

:: 현금흐름 작성

다음 자료를 이용하여 영업활동으로 인한 현금흐름을 작성하라.

- 당기순이익 : 220,000원
- 미지급비용 : 기초 10,000원, 기말 30,000원(전액 이자비용과 관련된 것임)
- 미 수 수 익 : 기초 30,000원, 기말 80,000원(전액 이자수익과 관련된 것임)
- 이 자 비 용 : 60,000원(현금으로 지급된 이자비용은 30,000원임)
- 사채할인발행차금 : 기초 50,000원, 기말 40,000원

영업활동으로 인한 현금흐름

과 목	금	액
I. 영업활동으로 인한 현금흐름		200,000
1. 당기순이익	220,000	
2. 현금의 유출이 없는 비용 등의 가산	10,000	
사채할인발행차금상각액	10,000	
3. 현금의 유입이 없는 수익 등의 차감	-	
4. 영업활동으로 인한 자산·부채의 변동	(-)30,000	
미지급비용의 증가	20,000	
미수수익의 증가	(-)50,000	

주 1. 이자비용 중 사채할인발행차금상각은 현금의 유출이 없는 비용이므로 가산함.
   이자비용 60,000원 중 사채할인발행차금상각액 10,000원 제외한 30,000원은 현금 지급되었으므로 영업활동으로 인한 현금흐름에 영향을 미치지 않으며, 미지급비용에 계상된 20,000원은 영업활동으로 인한 자산·부채의 변동에 가산하여야 함
   2. 이자비용 중 미지급된 금액만큼 영업활동과 관련된 부채인 미지급비용이 증가되었으므로 가산하고, 이자수익 중 미수된 금액만큼 영업활동과 관련된 자산인 미수수익이 증가되었으므로 차감함

4. 배당금수익과 배당금지급

배당금수익은 일반적으로 유가증권 등의 투자활동과 관련하여 발생하므로 투자활동으로 인한 현금흐름으로 구분하여야 하지만, 실무상 이자수익과 같은 이유로 영업활동으로 인한 현금흐름으로 구분하므로 현금의 유입이 없는 수익 등에서 차감하지 않는다.

반면, 일반기업회계기준은 배당금의 지급은 재무활동으로 인한 현금흐름으로 구분하도록 규정하고 있어 논리적으로 일관성이 없을 뿐만 아니라, 현금흐름표를 작성하는 실무자와 현금흐름표의 이용자 모두에게 혼란을 가중시킨다는 비판을 받고 있다.

회사가 화폐성 외화자산 및 외화부채를 보유하고 있는 경우 결산시점에는 외화환산손익이 발생하게 되며, 거래시점에는 외환차손익이 발생하게 된다.

간접법으로 현금흐름표를 작성하는 경우 외화환산손익과 외환차손익의 조정에 대하여는 많은 이론적인 견해가 있으나 실무상 가장 많이 이용되고 있는 방법으로 설명한다.

외화환산손익

외화환산손익은 일반적으로 현금의 유입이나 유출을 수반하지 않는 손익항목이므로 영업활동과 관련이 있는 외화매출채권 또는 외화매입채무 등에서 발생하거나 영업활동과 관련이 없는 외화차입금 등에서 발생한 것에 불구하고 다음과 같이 산정한다.

- 외화환산손실은 「Ⅰ. 영업활동으로 인한 현금흐름」 중 「2. 현금의 유출이 없는 비용 등의 가산」에 포함하여 당기순이익에 가산한다.

- 외화환산이익은 「Ⅰ. 영업활동으로 인한 현금흐름」 중 「3. 현금의 유입이 없는 수익 등의 차감」에 포함하여 당기순이익에서 차감한다.

다만, 외화환산손익이 발생한 자산이나 부채계정의 증감금액은 외화환산손익을 반영하여 산정하면 된다.

한편, 외화환산손익은 외화보통예금이나 외화당좌예금 등의 현금흐름표상의 현금 자체에서도 발생될 수 있으며, 현금 자체에서 발생된 외화환산손익은 현금의 유입이나 유출을 수반하는 손익항목이므로 별도의 조정은 필요하지 않게 된다.

따라서 손익계산서의 외화환산손익과 현금흐름표의 외화환산손익은 현금 자체에서 발생된 외화환산손익 만큼 차이가 난다.

∷ 외환차손익

외환차손익은 외화환산손익과 달리 현금의 유입이나 유출을 수반하는 손익항목이므로 영업활동과 관련이 있는 자산이나 부채에서 발생한 것과 영업활동과 관련이 없는 자산이나 부채에서 발생한 것에 따라 구분하여야 한다.

- 영업활동과 관련이 있는 외화매출채권이나 외화매입채무 등에서 발생한 외환차손익은 별도의 조정이 필요하지 않으며, 영업활동과 관련이 없는 외화차입금 등에서 발생한 외환차손은 「Ⅰ. 영업활동으로 인한 현금흐름」 중 「2. 현금의 유출이 없는 비용 등의 가산」에 포함하여 당기순이익에 가산하고,

- 외환차익은 「Ⅰ. 영업활동으로 인한 현금흐름」 중 「3. 현금의 유입이 없는 수익 등의 차감」에 포함하여 당기순이익에서 차감하

여야 한다.

그러나 실무상 외환차익과 외환차손을 발생한 계정별로 구분하여 영업활동과의 관련 여부에 따라 당기순이익에 가산하거나 차감하는 것은 너무 복잡하므로 대부분의 경우 외환차익과 외환차손에 대하여는 별도로 조정하지 않는 것이 현실이다.

❖❖ 현금흐름 작성

예제

다음 자료를 이용하여 영업활동으로 인한 현금흐름을 작성하자.
- 당기순이익 : 220,000원
- 외화매출채권 : 기초 50,000원, 기말 30,000원
- 외화매입채무 : 기초 70,000원, 기말 30,000원
- 외화환산손실 : 50,000원(외화매출채권 관련 30,000원, 외화당좌예금 관련 20,000원)
- 외환차손 : 30,000원(외화매입채무 관련)

영업활동으로 인한 현금흐름

과　　목	금	액
I. 영업활동으로 인한 현금흐름		200,000
1. 당기순이익	220,000	
2. 현금의 유출이 없는 비용 등의 가산	30,000	
외화환산손실	30,000	
3. 현금의 유입이 없는 수익 등의 차감	-	
4. 영업활동으로 인한 자산·부채의 변동	(-)50,000	
매출채권의 증가	(-)10,000	
매입채무의 감소	(-)40,000	

주) 1. 외화환산손실 중 외화매출채권과 관련된 30,000원은 현금의 유출이 없는 비용이므로 가산하며, 외화당좌예금과 관련된 20,000원은 현금흐름표상의 현금을 감소시키므로 별도의 조정을 하지 않음

　　2. 외화매출채권은 기초 50,000원에서 기말 30,000원으로 20,000원이 순 감소하였으나, 외화환산손실로 감소한 금액이 30,000원이므로 외화매출채권의 증가금액은 10,000원이며, 이는 영업활동과 관련된 자산인 매출채권이 증가되었으므로 차감함

　　3. 외화매입채무는 기초 70,000원에서 기말 30,000원으로 40,000원이 순 감소하였으며, 이는 영업활동과 관련된 부채인 매입채무가 감소되었으므로 차감함

6. 법인세비용

일반적으로 회사의 법인세비용과 관련된 이연법인세자산 이나 이연법인세부채, 당기법인세자산, 당기법인세부채 계정은 영업활동과 관련된 계정이므로 영업활동으로 인한 현금흐름으로 구분하여야 한다.

한편, 법인세 중 토지. 건물 등의 부동산양도소득에 대하여 추가로 징수하는 법인세는 유형자산의 처분에 의하여 발생된 것이므로 투자활동으로 인한 현금흐름으로 분류하여야 한다.

따라서 재무상태표에 계상된 당기법인세부채를 각 사업연도 소득에 대한 법인세와 토지 등 양도소득에 대한 법인세로 구분하여

- 각 사업연도 소득에 대한 법인세 부분은 영업활동과 관련된 부채이므로「I. 영업활동으로 인한 현금흐름」 중 「4. 영업활동으로 인한 자산·부채의 변동」에서 순액주의에 의하여 가감하여야 한다.

- 토지 등 양도소득에 대한 법인세 부분은 투자활동과 관련된 부채이므로 「II. 투자활동으로 인한 현금흐름」 중「1. 투자활동으로 인한 현금 유입액」 또는「2. 투자활동으로 인한 현금 유출액」에 총액주의에 의하여 가감하여야 한다.

7. 전기오류수정손익

발생원인

손익계산서상의 당기순이익을 구성하는 전기오류수정손익은 그 발생 원인에 따라 현금의 유입이나 유출을 수반하지 않는 손익항목이 될 수도 있고, 현금의 유입이나 유출을 수반하는 손익항목이 될 수도 있다.

손익조정

현금의 유입이나 유출을 수반하지 않는 전기오류수정손익은 외화환산손익과 같이 조정하면 되고, 현금의 유입이나 유출을 수반하는 전기오류수정손익은 외환차손익과 같이 조정하면 된다.

8. 자기주식과 국고보조금

⠿ 자기주식

자기주식의 취득이 투자활동에 해당하는지에 대한 논란의 여지는 있으나, 일반기업회계기준에서는 자기주식의 취득과 처분으로 인한 현금흐름은 투자활동으로 인한 현금흐름이 아니라 모두 재무활동으로 인한 현금흐름으로 구분하도록 규정하고 있다.

⠿ 국고보조금

국고보조금으로 수령한 현금은 재무활동으로 인한 현금흐름으로 구분하고, 국고보조금을 이용하여 건물이나 기계장치 등 유형자산을 취득하거나 개발비 등 무형자산을 취득하는 경우에는 투자활동으로 인한 현금흐름으로 구분한다.

한편, 수령 한 국고보조금 중 사용하지 못한 금액이 있어 기초 또는 기말 현재 재무상태표 상 현금의 차감항목으로 계상한 경우 현금흐름표상의 「V. 기초의 현금」 또는 「VI. 기말의 현금」은 국고보조금을 차감하기 전 금액으로 기재하여야 한다.

:: 현금흐름표 작성

다음 자료를 이용하여 현금흐름표를 작성하라.
- 당기순이익 : 100,000원
- 자기주식의 처분 : 40,000원
- 개발비의 증가 : 50,000원
- 기초의 현금 100,000원(국고보조금 미사용 금액 50,000원 차감 전 금액)
- 기말의 현금 220,000원(국고보조금 미사용 금액 30,000원 차감 전 금액)
- 당기 중 수령한 국고보조금은 30,000원은 미사용 중이며, 당기에 사용된 전기 미사용액 50,000원은 전액 상환의무가 있어 장기부채로 계상하였다.

현금흐름표

과　　　목	금　　　액
I. 영업활동으로 인한 현금흐름	100,000
1. 당기순이익	100,000
2. 현금의 유출이 없는 비용 등의 가산	-
3. 현금의 유입이 없는 수익 등의 차감	-
4. 영업활동으로 인한 자산·부채의 변동	-
II. 투자활동으로 인한 현금흐름	(-)50,000
1. 투자활동으로 인한 현금 유입액	-
2. 투자활동으로 인한 현금 유출액	(-)50,000
개발비의 취득	(-)50,000
III. 재무활동으로 인한 현금흐름	70,000
1. 재무활동으로 인한 현금 유입액	70,000
자기주식의 처분	40,000
국고보조금의 수령	30,000
2. 재무활동으로 인한 현금 유출액	-
IV. 현금의 증가	120,000
V. 기초의 현금	100,000
VI. 기말의 현금	220,000

주) 전기말 현재 현금의 차감항목으로 계상된 국고보조금은 당기에 사용되었으며 전액 상
　환의무가 발생되어 장기부채로 계상 하였으나, 현금의 개념이 국고보조금을 차감하기
　전 금액이므로 현금흐름에는 영향을 미치지 않아 별도의 조정이 필요하지는 않음

∷ 분류

미수금과 미지급금은 투자자산이나 유형자산 등의 취득 및 처분과 관련하여 발생되는 것으로 영업활동과는 직접적인 관계가 없으므로 미수금의 증감은 투자활동으로 인한 현금흐름으로 분류하여야 하며, 미지급금의 증감은 재무활동으로 인한 현금흐름으로 분류하여야 한다.

∷ 실무상 처리

실무에서 일부 회사의 경우 미수금과 매출채권, 미지급금과 매입채무, 미지급금과 미지급비용의 분류가 모호하여 미수금과 미지급금을 영업활동으로 인한 현금흐름으로 분류하는 경우가 있으나 이는 잘못된 회계처리에 근거한 것이므로 영업활동으로 인한 현금흐름에 포함해서는 안 된다.

제4장
현금흐름표 관련
일반기업회계기준 등

1. 현금흐름표의 목적

(일반기업회계기준 제2장 재무제표 작성과 표시 I)

현금흐름표는 기업의 현금흐름을 나타내는 표로서 현금의 변동내용을 명확하게 보고하기 위하여 당해 회계기간에 속하는 현금의 유입과 유출내용을 적정하게 표시하여야 한다. 〈일반기업회계기준 문단(이하 '문단') 2.58〉

참고 현금흐름표의 상호 관련성 (재무회계 개념체계 문단85(다))

- 현금흐름표는 일정기간 동안의 현금유입과 현금유출에 대해 많은 정보를 제공한다. 그러나 동일한 회계기간 내에서 수익과 비용이 대응되는 것과 달리 현금유입과 현금유출은 서로 대응되어 표시되지 않음으로 현금흐름표는 기업실체의 미래 현금흐름을 전망하는 데 충분한 정보를 제공하지 못한다.

- 예를 들어 영업활동에서의 현금유입은 많은 부분이 과거의 영업활동에 의해 나타나게 되고, 또한 현재의 현금지출은 미래의 현금유입을 위해 이루어진다. 그러므로 미래의 현금흐름을 예측하기 위하여 현금흐름표 정보는 손익계산서와 재무상태표의 정보가 함께 사용될 필요가 있다.

2. 현금흐름표의 기본구조

일반기업회계기준 제2장 (재무제표 작성과 표시Ⅰ)

현금흐름표는 영업활동으로 인한 현금흐름, 투자활동으로 인한 현금흐름, 재무활동으로 인한 현금흐름으로 구분하여 표시하고, 이에 기초의 현금을 가산하여 기말의 현금을 산출하는 형식으로 표시한다. 현금흐름표에서 현금이라 함은 일반기업회계기준 문단 2.35에서 규정하는 현금 및 현금성자산을 말한다. (문단 2.59)

참고 현금흐름표의 의의 (재무회계 개념체계 문단81.82)

- 현금흐름표는 일정기간 동안 기업실체에 대한 현금유입과 현금유출에 대한 정보를 제공하는 재무보고서이다.
- 현금흐름표는 영업활동을 통한 현금창출에 관한 정보, 투자활동에 관한 정보 및 자본조달을 위한 재무활동에 대한 정보를 제공한다.
- 이러한 현금흐름 정보는 기업실체의 현금흐름의 현금지급능력, 재무무적 탄력성, 수익성 및 위험 등을 평가하는 데 유용하며, 여러 기업체의 미래현금흐름의 현재가치를 비교하고 기업가치를 평가하는 데 필요한 기초자료를 제공한다.
- 발생기준에 따라 산출된 회계이익은 영업활동 순현금흐름과 일치하지 않으므로 현금흐름표는 회계이익과 현금흐름간의 차이 및 그 원인에 대한 정보를 제공한다.

3. 영업활동으로 인한 현금흐름

일반기업회계기준 제2장 (재무제표 작성과 표시Ⅰ)

1) 영업활동이라 함은 일반적으로 제품의 생산과 상품 및 용역의 구매·판매활동을 말하며, 투자활동과 재무활동에 속하지 아니하는 거래를 모두 포함한다. (문단 2.60)

2) 영업활동으로 인한 현금의 유입에는 제품 등의 판매에 따른 현금 유입(매출채권의 회수 포함), 이자수익과 배당금수익, 기타 투자활동과 재무활동에 속하지 아니하는 거래에서 발생된 현금 유입이 포함된다. (문단 2.61)

3) 영업활동으로 인한 현금의 유출에는 원재료, 상품 등의 구입에 따른 현금유출(매입채무의 결제 포함), 기타 상품과 용역의 공급자와 종업원에 대한 현금지출, 법인세(토지 등 양도소득에 대한 법인세 제외)의 지급, 이자비용, 기타 투자활동과 재무활동에 속하지 아니하는 거래에서 발생된 현금유출이 포함된다. (문단 2.62)

일반기업회계기준 제2장 (재무제표 작성과 표시 I)

1) 영업활동으로 인한 현금흐름은 직접법 또는 간접법으로 표시한다. (문단 2.63)

2) 직접법이라 함은 현금을 수반하여 발생한 수익 또는 비용항목을 총액으로 표시하되, 현금 유입액은 원천별로 현금 유출액은 용도별도 분류하여 표시하는 방법을 말한다. 이 경우 현금을 수반하여 발생하는 수익·비용 항목을 원천별로 구분하여 계산하는 방법 또는 매출과 매출원가에 현금의 유출·유입이 없는 항목과 재고자산, 매출채권, 매입채무의 증감을 가감하여 계산하는 방법으로 한다. (문단 2.64)

3) 간접법이라 함은 당기순이익에 현금의 유출이 없는 비용 등을 가산하고 현금의 유입이 없는 수익 등을 차감하며, 영업활동으로 인한 자산·부채의 변동을 가감하여 표시하는 방법을 말한다. (문단 2.65)
   ① 현금의 유출이 없는 비용 등 : 현금의 유출이 없는 비용, 투자활동과 재무활동으로 인한 비용
   ② 현금의 유입이 없는 수익 등 : 현금의 유입이 없는 수익, 투자활동과 재무활동으로 인한 수익
   ③ 영업활동으로 인한 자산·부채의 변동 : 영업활동과 관련하여 발생한 유동자산 및 유동부채의 증가 또는 감소

5. 투자활동으로 인한 현금흐름

일반기업회계기준 제2장 (재무제표 작성과 표시Ⅰ)

1) 투자활동이라 함은 현금의 대여와 회수활동, 유가증권·투자자산·유형자산 및 무형자산의 취득과 처분활동 등을 말한다. (문단 2.66)

2) 투자활동으로 인한 현금의 유입에는 대여금의 회수, 단기투자자산·유가증권·투자자산·유형자산 및 무형자산의 처분 등이 포함된다. (문단 2.67)

3) 투자활동으로 인한 현금의 유출에는 현금의 대여, 단기투자자산·유가증권·투자자산·유형자산 및 무형자산의 취득에 따른 현금유출로서 취득 직전 또는 직후의 지급액 등이 포함된다. (문단 2.68)

6. 재무활동으로 인한 현금흐름

일반기업회계기준 제2장 (재무제표 작성과 표시Ⅰ)

1) 재무활동이라 함은 현금의 차입 및 상환활동, 신주발행이나 배당금의 지급활동 등과 같이 부채 및 자기자본계정에 영향을 미치는 거래를 말한다. (문단 2.69)

2) 재무활동으로 인한 현금의 유입에는 단기차입금 및 장기차입금의 차입, 어음 및 사채의 발행, 주식의 발행 등이 포함된다. (문단 2.70)

3) 재무활동으로 인한 현금의 유출에는 배당금의 지급, 유상감자, 자기주식의 취득, 차입금의 상환, 자산의 취득에 따른 부채의 지급 등이 포함된다. (문단 2.71)

7. 기타 표시방법

일반기업회계기준 제2장 (재무제표 작성과 표시Ⅰ)

1) 현금흐름표는 다음과 같이 표시한다. (문단 2.72)

　① 현금의 유입과 유출내용에 대하여는 기중 증가 또는 기중 감소를 상계하지 아니하고 각각 총액으로 기재한다. 다만, 거래가 빈번하여 총 금액이 크고 단기간에 만기가 도래하는 현금의 유입과 유출 항목은 순 증감액으로 기재할 수 있다.

　② 사채발행 또는 주식발행으로 인한 현금 유입시에는 발행가액으로 기재한다.

2) 다음 사항은 주석으로 기재한다. (문단 2.73)

　① 현금의 유입과 유출이 없는 거래 : 현물출자로 인한 유형자산의 취득, 유형자산의 연불구입, 무상증자, 무상감자, 주식배당, 전환사채의 전환, 기타 현금의 유출입이 없는 중요한 거래

　② 직접법으로 작성한 경우 당기순이익과 당기순이익에 가감할 항목에 관한 사항

8. 중간재무제표

일반기업회계기준 제29장 (중간재무제표)

1) 중간재무제표는 다음을 포함한다. (문단 29.2)

　① 재무상태표

　② 손익계산서

　③ 현금흐름표

　④ 자본변동표

　⑤ 주석

2) 중간재무제표는 연차재무제표와 동일한 양식으로 작성함을 원칙으로 한다. 다만, 정보이용자를 오도하지 않는 범위 내에서 다음의 계정과목 등은 요약 또는 일괄 표시할 수 있다. (문단 29.3)

　① 재고자산

　② 투자자산

　③ 유형자산과 감가상각누계액

　④ 무형자산

　⑤ 자본잉여금

　⑥ 자본조정

　⑦ 기타포괄손익누계액

　⑧ 판매비와 관리비

　⑨ 영업외수익

⑩ 영업외비용

3) 중간재무제표의 대상기간과 비교형식은 다음과 같다. (문단 29.4)

① 재무상태표는 중간보고기간말과 직전 연차보고기간말을 비교
하는 형식으로 작성한다.

② 손익계산서는 중간기간과 누적중간기간을 직전 회계연도의
동일기간과 비교하는 형식으로 작성한다.

③ 현금흐름표 및 자본변동표는 누적중간기간을 직전 회계연도
의 동일기간과 비교하는 형식으로 작성한다.

대상기간이 분기인 경우(3/4분기 현금흐름표)

과 목	당 기 누적중간기간(1.1~9.30)	전 기 누적중간기간(1.1~9.30)

4) 최종 중간기간의 재무제표는 별도로 작성하지 아니할 수 있다.
다만, 법령이나 계약 등에 의하여 중간재무제표를 정기적으로 작
성하는 기업이 최종 중간기간의 재무제표를 별도로 작성하지 않
는 경우에는 연차재무제표에 다음 사항을 주석으로 기재한다.
(문단 29.7)

① 당 회계연도 최종 중간기간의 매출액, 당기순이익 및 주당순
이익 등 주요 경영성과

② 최종 중간기간에 회계추정의 변경이 있는 경우 그 내용과 영
향

5) 중간재무제표의 작성을 위한 측정은 누적중간기간을 기준으로 한
   다. 따라서 연차재무제표의 결과는 중간재무제표의 작성빈도에
   따라 달라지지 않는다. 예를 들면 손익항목의 각 중간기간별 금
   액의 합계는 연간금액과 일치해야 한다. (문단 29.9)

제5장
현금흐름표의 작성방법
(간접법)

현금흐름표를 작성하기 위해서는 특정 회계기간에 발생한 회사의 모든 거래 중에서 현금과 관련된 거래만 파악하면 된다. 현금흐름표의 기본양식은 앞서 설명한 바와 같이 직접법과 간접법이 있으며, 일반기업회계기준은 두 가지 양식 모두를 인정하고 있다.

그러나 실무상 특정 회계기간의 모든 현금거래를 파악하여 현금흐름표를 작성한다는 것은 사실상 불가능하며, 직접법에 의하여 현금흐름표를 작성한 경우 당기순이익과 당기순이익에 가감할 항목에 관한 사항을 주석으로 공시하도록 일반기업회계기준에 규정되어 있으므로 직접법에 의하여 현금흐름표를 작성하지 않는 것이 현실이다.

따라서 이 책에서는 이론적인 직접법에 의한 현금흐름표 작성 방법에 대하여는 별도로 언급하지 않고 실무상 적용하고 있는 간접법에 의한 현금흐름표 작성 방법에 대하여 설명하기로 한다. 간접법에 의한 현금흐름표 작성의 기본원리는 이미 작성된 재무상태표와 손익계산서, 합계잔액시산표 등을 이용하여 작성한다는 것이다.

먼저 재무상태표와 합계잔액시산표를 이용하여 현금의 증감액과 기타 계정과목의 증감액을 파악하고, 손익계산서상 당기순이익이 현금 영업이익이라는 가정하에 현금의 유출이 없는 비용 등을 가산하고, 현금의 유입이 없는 수익 등을 차감하여 현금흐름표를 작성한다. 물론 현금흐름표를 작성하기 위해서는 재무상태표나 손익계산서, 합계잔액시산표 외에도 제조원가명세서나 특정 계정에 대한 회계기록을 검토하는 것이 필요하다.

현금흐름표 작성의 기본원리

기초 재무상태표	손익계산서 (당기순이익=현금영업이익)	기말 재무상태표
	비현금손익·비영업손익 조정 (영업활동)	
자산	자산 항목의 증감 분석 (영업·투자활동)	자산
부채	부채 항목의 증감 분석 (영업·재무활동)	부채
자본	자본 항목의 증감 분석 (영업·재무활동)	자본
현금 및 현금성자산	현 금 흐 름 표 (현금의 증감)	현금 및 현금성자산

2. 현금흐름표 작성방법

작성과 검증

현금흐름표의 작성방법에 대한 해답은 없다. 어떠한 방법을 통해서라도 정확한 현금흐름표만 작성할 수 있으면 되는 것이다.

회사의 규모나 업종의 특성 등에 따라 최선의 방법은 달라질 수 있지만, 실무자 입장에서는 결산 회계처리 시 수없이 반복되는 수정 회계처리 사항을 손쉽게 현금흐름표에 반영할 수 있으며, 현금흐름표 작성과정에서 오류의 발생 여부를 검증할 수 있는 방법이 가장 좋은 방법이라 여겨진다.

최근 회사의 회계처리 환경은 ERP 구축 등 회계 시스템에 대한 전산화 작업이 이루어지면서 급격하게 변화했으며, 많은 사람이 전산화된 시스템을 통한 현금흐름표 작성에 대하여 고민했던 것이 사실이다.

그러나 현금흐름표의 복잡성과 난해함, 회사별 계정과목의 차이 등으로 안타깝게도 전산화된 회계 시스템을 통하여 현금흐름표를 작성하지 못하고 있으며, 여전히 수작업으로 작성하는 것이 현실이다.

⁜ 작성방법

현금흐름표를 작성하는 대표적인 방법으로는 공인회계사 시험을 위한 재무회계 이론서에서 주로 다루고 있는 T계정 분석을 통한 작성방법과 분개를 통한 작성방법이 있다.

그러나 T계정이나 분개를 통한 작성방법은 실무에 적용하기에 한계가 있으므로 회계법인의 공인회계사들은 대부분 정산표를 이용하여 현금흐름표를 작성·검증하고 있다.

다음과 같이 기본예제를 통하여 작성방법을 살펴보자.

첫째, T계정 분석을 통한 작성방법

둘째, 분개를 통한 작성방법

셋째, 정산표를 이용한 작성방법

다음 장에서 저자가 새롭게 선보이는 MS Excel의 피벗테이블 기능을 이용한 작성방법에 대하여 자세하게 설명하고자 한다.

참고 현금흐름표는 공인회계사가 작성해 주는 것 아닌가요?

- 회계감사를 나가본 경험이 있는 공인회계사들은 이런 질문을 한 번쯤은 접해 보았을 것이다. 과연 현금흐름표는 외부감사인인 공인회계사들이 작성해야 할까?

- 현금흐름표는 재무상태표 및 손익계산서, 자본변동표와 더불어 기본 재무제표에 속하며 재무제표를 적정하게 작성할 책임은 분명 회사의 경영자에게 있는 것이다. 외부 감사인은 회사가 작성하여 제시한 재무제표에 대하여 감사를 실시한 후 그 적정성에 관한 감사의견을 표명할 책임이 있는 것이다.

- 기본 재무제표에 속하는 현금흐름표를 감사인이 작성하여 준다는 것은 자기가 작성한 재무제표에 대하여 자기가 감사를 한다는 것으로 논리에 맞지 않을 뿐만 아니라 외부 감사의 기본전제인 독립성에도 위배되는 것이다. 물론 오랫동안 회계의 관습상 현금흐름표 작성이 어렵다는 이유로 외부감사인인 공인회계사가 외부감사가 종료되는 시점에 일부 회사를 대신하여 현금흐름표를 작성해 주고 있는 것이 현실이다.

- 최근 경제환경의 불확실성이 높아지면서 어느 때보다 현금흐름이 회사의 경영에 중요한 요소가 되었다. 유가증권 상장법인과 코스닥시장 등록법인 등은 사업보고서를 제출할 때뿐만 아니라 분기 및 반기보고서 제출 시에도 현금흐름표를 작성하여 첨부하도록 규정하고 있다. 또한, 외부감사법인은 법인세 세무조정계산서에도 현금흐름표를 첨부하여야 한다.

- 이제는 회사의 실무자들이 직접 현금흐름표를 작성해야 할 필요성이 더욱 많아진 것이다. 언제까지 기본 재무제표인 현금흐름표의 작성을 외부 감사인에게 맡겨 둘 것인가?

∷ 기본예제 재무상태표

㈜홍선의 현금흐름표 작성을 위한 2013년 및 2014년 재무상태표
는 다음과 같다.

자료1

재무상태표

과 목	2013년(전기)	2014년(당기)	증 감 액
(자 산)			
현 금 및 현 금 성 자 산	800,000	1,120,000	320,000
단 기 금 융 상 품	600,000	900,000	300,000
단 기 매 매 증 권	100,000	300,000	200,000
매 출 채 권	600,000	1,000,000	400,000
대 손 충 당 금	(-)100,000	(-)200,000	(-)100,000
재 고 자 산	1,000,000	900,000	(-)100,000
이 연 법 인 세 자 산	100,000	180,000	80,000
기 계 장 치	3,000,000	2,500,000	(-)500,000
감 가 상 각 누 계 액	(-)1,000,000	(-)800,000	200,000
건 설 중 인 자 산	1,500,000	800,000	(-)700,000
자 산 총 계	6,600,000	6,700,000	100,000

과 목	2013년(전기)	2014년(당기)	증 감 액
(부 채)			
매 입 채 무	1,300,000	1,100,000	(-)200,000
미 지 급 비 용	200,000	180,000	(-)20,000
당 기 법 인 세 부 채	100,000	200,000	100,000
장 기 차 입 금	1,500,000	1,320,000	(-)180,000
퇴 직 급 여 충 당 부 채	500,000	400,000	(-)100,000
(자 본 금)	2,000,000	2,200,000	200,000
(이 익 잉 여 금)	1,000,000	1,300,000	300,000
부 채 와 자 본 총 계	6,600,000	6,700,000	100,000

⠿ 기본예제 손익계산서

㈜홍선의 현금흐름표 작성을 위한 2014년 말 손익계산서는 다음과 같다.

손익계산서

과　목		2014년(당기)
（ 매　　　출　　　액 ）		5,600,000
（ 매　　출　　원　　가 ）		4,900,000
기 초 재 고 자 산	1,000,000	
당 기 매 입 액	4,800,000	
기 말 재 고 자 산	(-)900,000	
（ 매　출　총　이　익 ）		700,000
（ 판 매 비 와 관 리 비 ）		430,000
퇴　직　급　여	120,000	
대　손　상　각　비	150,000	
감　가　상　각　비	100,000	
지　급　임　차　료	60,000	
（ 영　　업　　이　　익 ）		270,000
（ 영　업　외　수　익 ）		230,000
외　화　환　산　이　익	30,000	
유 형 자 산 처 분 이 익	200,000	
（ 영　업　외　비　용 ）		80,000
단 기 매 매 증 권 평 가 손 실	80,000	
（법인세비용 차감전 순이익）		420,000
（ 법　인　세　비　용 ）		120,000
（ 당　기　순　이　익 ）		300,000

∷ 기본예제 추가자료

㈜홍선의 현금흐름표 작성을 위한 추가자료는 다음과 같다.

자료3

추가자료

1. 단기금융상품의 처분은 없었다.

2. 단기매매증권의 처분은 없었다.

3. 대손충당금 50,000원이 매출채권과 상계처리 되었다.

4. 취득원가가 1,200,000원(감가상각누계액 300,000원)인 기계
   장치를 1,100,000원에 처분 하였다.

4. 건설중인자산에서 기계장치로 대체된 금액은 700,000원이
   다.

5. 외화환산이익 30,000원은 모두 매입채무에서 발생한 것이
   다.

6. 미지급비용은 모두 지급임차료와 관련된 것이다.

7. 장기차입금의 추가적인 차입은 없었다.

8. 퇴직금 지급액은 220,000원이다.

9. 보통주 400주를 액면가액(주당 액면가액500원)으로 발행하
   였다.

4. T계정 분석을 이용한 작성방법

T계정을 이용한 현금흐름표 작성방법은 직접법에 의한 현금흐름표를 작성하거나 현금흐름표의 작성 원리를 이해하는데 도움이 되지만, 실무상 소규모 회사를 제외하고는 적용하기에 어려움이 많다.

T계정을 이용한 작성방법의 기본원리는 계정별로 T계정 분석을 통해 발생주의 금액에서 현금주의 금액을 산정하는 것이다.

각각의 T계정에서 현금흐름표와 관련된 부분은 내역 다음에 현금흐름표의 대분류 번호를 기재하여 T계정 분석 후 현금흐름표 양식에 옮겨 적는 데 도움이 된다.

현금흐름표의 대분류 번호는 다음과 같다.
(Ⅰ) : 영업활동으로 인한 현금흐름
(Ⅱ) : 투자활동으로 인한 현금흐름
(Ⅲ) : 재무활동으로 인한 현금흐름
(Ⅳ) : 현금의 증가(감소)
(Ⅴ) : 기초의 현금
(Ⅵ) : 기말의 현금

| 자료1 | | 재무상태표 | |

과 목	2013년(전기)	2014년(당기)	증 감 액
(자 산)			
현 금 및 현 금 성 자 산	800,000	1,120,000	320,000
단 기 금 융 상 품	600,000	900,000	300,000
단 기 매 매 증 권	100,000	300,000	200,000
매 출 채 권	600,000	1,000,000	400,000
대 손 충 당 금	(-)100,000	(-)200,000	(-)100,000
재 고 자 산	1,000,000	900,000	(-)100,000
이 연 법 인 세 자 산	100,000	180,000	80,000
기 계 장 치	3,000,000	2,500,000	(-)500,000
감 가 상 각 누 계 액	(-)1,000,000	(-)800,000	200,000
건 설 중 인 자 산	1,500,000	800,000	(-)700,000
자 산 총 계	6,600,000	6,700,000	100,000
(부 채)			
매 입 채 무	1,300,000	1,100,000	(-)200,000
미 지 급 비 용	200,000	180,000	(-)20,000
당 기 법 인 세 부 채	100,000	200,000	100,000
장 기 차 입 금	1,500,000	1,320,000	(-)180,000
퇴 직 급 여 충 당 부 채	500,000	400,000	(-)100,000
(자 본 금)	2,000,000	2,200,000	200,000
(이 익 잉 여 금)	1,000,000	1,300,000	300,000
부 채 와 자 본 총 계	6,600,000	6,700,000	100,000

❖ T계정 분석

⊕ 분석1

기본예제 재무상태표 계정별로 T계정을 이용하여 분석하면 다음
과 같다.

자료1 재무상태표

과 목	2013년(전기)	2014년(당기)	증 감 액
현 금 및 현 금 성 자 산	800,000	1,120,000	320,000
단 기 금 융 상 품	600,000	900,000	300,000
단 기 매 매 증 권	100,000	300,000	200,000

현금 및 현금성자산

기초의 현금(Ⅴ)	800,000		
현금의 증가(Ⅳ)	320,000	기말의 현금(Ⅵ)	1,120,000
합 계	1,120,000	합 계	1,120,000

단기금융상품

기초 단기금융상품	600,000		
단기금융상품의 취득(Ⅱ)	300,000	기말 단기금융상품	900,000
합 계	900,000	합 계	900,000

단기매매증권

기초 단기매매증권	100,000	단기매매증권평가손실(Ⅰ)	80,000
단기매매증권의 취득(Ⅱ)	280,000	기말 단기금융상품	300,000
합 계	380,000	합 계	380,000

⊕ 분석2

기본예제 재무상태표 계정별로 T계정을 이용하여 분석하면 다음과 같다.

자료1 재무상태표

과 목	2013년(전기)	2014년(당기)	증 감 액
매 출 채 권	600,000	1,000,000	400,000
대 손 충 당 금	(-)100,000	(-)200,000	(-)100,000
재 고 자 산	1,000,000	900,000	(-)100,000
이 연 법 인 세 자 산	100,000	180,000	80,000

매출채권 · 대손충당금

기초 매출채권	600,000	기초 대손충당금	100,000
기말 대손충당금	200,000	기말 매출채권	1,000,000
매출채권의 증가(Ⅰ)	450,000	대손상각비(Ⅰ)	150,000
합 계	1,250,000	합 계	1,250,000

※ 1. 대손충당금 같은 차감항목은 관련 계정에서 함께 분석함
　 2. 매출채권의 증가는 대손충당금과 상계처리된 50,000원을 고려하면
　　　450,000원 임

재고자산

기초 재고자산	1,000,000	재고자산의 감소(Ⅰ)	100,000
		기말 재고자산	900,000
합 계	1,000,000	합 계	1,000,000

※ 제품이나 상품, 원재료 등 재고자산은 별도로 분석하지 않은 재고자산 전체
　로 분석함

이연법인세자산

기초 이연법인세자산	100,000		
이연법인세자산의 증가(Ⅰ)	80,000	기말 이연법인세자산	180,000
합 계	180,000	합 계	180,000

※ 이연법인세자산은 투자자산임에도 불구하고 영업활동으로 인한 현금흐름으
　로 분류함

🔴 분석3

　기본예제 재무상태표 계정별로 T계정을 이용하여 분석하면 다음
과 같다.

 재무상태표

과　목	2013년(전기)	2014년(당기)	증　감　액
기　계　장　치	3,000,000	2,500,000	(-)500,000
감 가 상 각 누 계 액	(-)1,000,000	(-)800,000	200,000
건 설 중 인 자 산	1,500,000	800,000	(-)700,000

기계장치·감가상각누계액·건설중인자산

기초 기계장치	3,000,000	기초 감가상각누계액	1,000,000
기말 감가상각누계액	800,000	기말 기계장치	2,500,000
기초 건설중인자산	1,500,000	기말 건설중인자산	800,000
유형자산처분이익(Ⅰ)	200,000	기계장치의 처분(Ⅱ)	1,100,000
		감가상각비(Ⅰ)	100,000
합　　　계	5,500,000	합　　　계	5,500,000

※ 1. 감가상각누계액 같은 차감항목은 관련 계정에서 함께 분석함
　 2. 건설중인자산은 별도로 분석할 수도 있지만, 관련 계정에서 함께 분석하
　　 는 것이 편리함

⊕ 분석4

　기본예제 재무상태표 계정별로 T계정을 이용하여 분석하면 다음과 같다.

 재무상태표

과 목	2013년(전기)	2014년(당기)	증 감 액
매 입 채 무	1,300,000	1,100,000	(-)200,000
미 지 급 비 용	200,000	180,000	(-)20,000
당 기 법 인 세 부 채	100,000	200,000	100,000

매입채무

매입채무의 감소(Ⅰ)	170,000	기초 매입채무	1,300,000
외화환산이익(Ⅰ)	30,000		
기말 매입채무	1,100,000		
합　　계	1,300,000	합　　계	1,300,000

미지급비용

미지급비용의 감소(Ⅰ)	20,000	기초 미지급비용	200,000
기말 미지급비용	180,000		
합　　계	200,000	합　　계	200,000

당기법인세부채

기말 당기법인세부채	200,000	기초 당기법인세부채	100,000
		당기법인세부채의 증가(Ⅰ)	100,000
합　　계	200,000	합　　계	200,000

🔴 분석5

기본예제 재무상태표 계정별로 T계정을 이용하여 분석하면 다음
과 같다.

자료1 재무상태표

과 목	2013년(전기)	2014년(당기)	증 감 액
장 기 차 입 금	1,500,000	1,320,000	(-)180,000
퇴 직 급 여 충 당 부 채	500,000	400,000	(-)100,000

장기차입금

장기차입금의 상환(Ⅲ)	180,000	기초 장기차입금	1,500,000
기말 장기차입금	1,320,000		
합 계	1,500,000	합 계	1,500,000

퇴직급여충당부채

퇴직급의 지급(Ⅰ)	220,000	기초 퇴직급여충당부채	500,000
기말 퇴직급여충당부채	400,000	퇴직급여(Ⅰ)	120,000
합 계	620,000	합 계	620,000

기본예제 재무상태표 계정별로 T계정을 이용하여 분석하면 다음
과 같다.

자료1 재무상태표

과 목	2013년(전기)	2014년(당기)	증 감 액
(자　　본　　금)	2,000,000	2,200,000	200,000
(이　익　잉　여　금)	1,000,000	1,300,000	300,000

자본금

기말 자본금	2,200,000	기초 자본금 보통주의 발행(Ⅲ)	2,000,000 200,000
합　　계	2,200,000	합　　계	2,200,000

이익잉여금

기말 이익잉여금	1,300,000	기초 이익잉여금 당기순이익(Ⅰ)	1,000,000 300,000
합　　계	1,300,000	합　　계	1,300,000

⠿ 현금흐름표 작성

T계정 분석이 끝나면 각각의 T계정에서 현금흐름표 작성과 관련
된 항목을 현금흐름표 양식에 맞춰 옮겨적는다.

기본예제를 T계정으로 분석한 현금흐름표는 다음과 같다.

현금흐름표(간접법)

제3기 2014년 1월 1일부터 2014년 12월 31일 까지

(주)홍선

과　　목		제3기 (당기)
Ⅰ. 영업활동으로 인한 현금흐름		(-)220,000
1. 당기순이익	300,000	
2. 현금의 유출이 없는 비용 등의 가산	450,000	
퇴직급여	120,000	
대손상각비	150,000	
단기매매증권평가손실	80,000	
감가상각비	100,000	
3. 현금의 유입이 없는 수익 등의 차감	(-)230,000	
외화환산이익	30,000	
유형자산처분이익	200,000	
4. 영업활동으로 인한 자산·부채의 변동	(-)740,000	
매출채권의 증가	(-)450,000	
재고자산의 감소	100,000	
이연법인세자산의 증가	(-)80,000	
매입채무의 감소	(-)170,000	
미지급비용의 감소	(-)20,000	
당기법인세부채의 증가	100,000	
퇴직금의 지급	(-)220,000	
Ⅱ. 투자활동으로 인한 현금흐름		520,000
1. 투자활동으로 인한 현금유입액	1,100,000	
기계장치의 처분	1,100,000	
2. 투자활동으로 인한 현금유출액	(-)580,000	
가. 단기금융상품의 취득	300,000	
나. 단기매매증권의 취득	280,000	
Ⅲ. 재무활동으로 인한 현금흐름		20,000
1. 재무활동으로 인한 현금유입액	200,000	
보통주의 발행	200,000	
2. 재무활동으로 인한 현금유출액	(-)180,000	
장기차입금의 상환	180,000	
Ⅳ. 현금의 증가		320,000
Ⅴ. 기초의 현금		800,000
Ⅵ. 기말의 현금		1,120,000

5. 분개를 통한 작성방법

분개를 이용한 현금흐름표 작성방법은 공인회계사 시험을 위한 중급회계 교재에서 가장 많이 소개되고 있는 방법이다.

이 방법은 영업활동과 관련이 없는 자산, 부채 및 자본 항목의 증감내역을 분개를 통하여 추정하고,

추정분개 상 현금 계정이 있는 경우에는 현금에 영향을 미칠 수 있는 거래이므로 증감 내역을 기재한 후, 이기의 편의상 금액 뒤에 현금흐름표의 대분류 번호를 기재하는 방법이다.

현금흐름표의 대분류 번호는 T계정분석 방법에서 살펴본 바와 같다.

:: 기본예제

재무상태표

과 목	2013년(전기)	2014년(당기)	증 감 액
(자 산)			
현 금 및 현 금 성 자 산	800,000	1,120,000	320,000
단 기 금 융 상 품	600,000	900,000	300,000
단 기 매 매 증 권	100,000	300,000	200,000
매 출 채 권	600,000	1,000,000	400,000
대 손 충 당 금	(-)100,000	(-)200,000	(-)100,000
재 고 자 산	1,000,000	900,000	(-)100,000
이 연 법 인 세 자 산	100,000	180,000	80,000
기 계 장 치	3,000,000	2,500,000	(-)500,000
감 가 상 각 누 계 액	(-)1,000,000	(-)800,000	200,000
건 설 중 인 자 산	1,500,000	800,000	(-)700,000
자 산 총 계	6,600,000	6,700,000	100,000
(부 채)			
매 입 채 무	1,300,000	1,100,000	(-)200,000
미 지 급 비 용	200,000	180,000	(-)20,000
당 기 법 인 세 부 채	100,000	200,000	100,000
장 기 차 입 금	1,500,000	1,320,000	(-)180,000
퇴 직 급 여 충 당 부 채	500,000	400,000	(-)100,000
(자 본 금)	2,000,000	2,200,000	200,000
(이 익 잉 여 금)	1,000,000	1,300,000	300,000
부 채 와 자 본 총 계	6,600,000	6,700,000	100,000

:: 추정분개 분석

● 분석1

기본예제 재무상태표 계정별로 추정분개 방법으로 분석하면 다음과 같다.

자료1 재무상태표

과 목	2013년(전기)	2014년(당기)	증 감 액
(자 산)			
현 금 및 현 금 성 자 산	800,000	1,120,000	320,000
단 기 금 융 상 품	600,000	900,000	300,000
단 기 매 매 증 권	100,000	300,000	200,000

① 현금 및 현금성자산 (기초 800,000원, 기말 1,120,000원)

(차) 현금 및 현금성자산	320,000	(대) 현금의 증가	320,000(Ⅳ)

② 단기금융상품 (기초 600,000원, 기말 900,000원)

(차) 단기금융상품	300,000	(대) 단기금융상품의 취득	300,000(Ⅱ)

③ 단기매매증권 (기초 100,000원, 기말 300,000원, 단기매매증권평가손실 80,000원)

(차) 단기매매증권	200,000	(대) 단기매매증권의 취득	280,000(Ⅱ)
단기매매증권평가손실	80,000(Ⅰ)		

기본예제 재무상태표 계정별로 추정분개 방법으로 분석하면 다음과 같다.

자료1 재무상태표

과 목	2013년(전기)	2014년(당기)	증 감 액
매 출 채 권	600,000	1,000,000	400,000
대 손 충 당 금	(-)100,000	(-)200,000	(-)100,000
재 고 자 산	1,000,000	900,000	(-)100,000
이 연 법 인 세 자 산	100,000	180,000	80,000

④ **매출채권** (기초 600,000원, 기말 1,000,000원, 대손발생 50,000원)

(차) 매출채권	400,000	(대) 매출채권의 증가	450,000(I)
대손충당금	50,000		

⑤ **대손충당금** (기초 100,000원, 기말 200,000원, 대손상각비 150,000원)

(차) 대손상각비	150,000(I)	(대) 대손충당금	100,000
		매출채권	50,000

⑥ **재고자산** (기초 1,000,000원, 기말 900,000원)

(차) 재고자산의 감소	100,000(I)	(대) 재고자산	100,000

⑦ **이연법인세자산** (기초 100,000원, 기말 180,000원)

(차) 이연법인세자산	80,000	(대) 이연법인세자산의 증가 80,000(I)	

기본예제 재무상태표 계정별로 추정분개 방법으로 분석하면 다음과
같다.

자료1 재무상태표

과 목	2013년(전기)	2014년(당기)	증 감 액
기 계 장 치	3,000,000	2,500,000	(-)500,000
감 가 상 각 누 계 액	(-)1,000,000	(-)800,000	200,000
건 설 중 인 자 산	1,500,000	800,000	(-)700,000

⑧ **기계장치** (기초 3,000,000원, 기말 2,500,000원, 유형자산처분이익 200,000원)

(차) 기계장치의 처분	1,100,000(Ⅱ)	(대) 유형자산처분이익	200,000(Ⅰ)
		기계장치	900,000

⑨ **감가상각누계액** (기초 1,000,000원, 기말 800,000원, 감가상각비 100,000원)

(차) 감가상각비	100,000(Ⅰ)	(대) 감가상각누계액	100,000
감가상각누계액	300,000	기계장치	300,000

⑩ **건설중인자산** (기초 1,500,000원, 기말 800,000원)

(차) 기계장치	700,000	(대) 건설중인자산	700,000

⊕ 분석4

　기본예제 재무상태표 계정별로 추정분개 방법으로 분석하면 다음
과 같다.

자료1 　재무상태표

과 목	2013년(전기)	2014년(당기)	증 감 액
매 입 채 무	1,300,000	1,100,000	(-)200,000
미 지 급 비 용	200,000	180,000	(-)20,000
당 기 법 인 세 부 채	100,000	200,000	100,000
장 기 차 입 금	1,500,000	1,320,000	(-)180,000

⑪ 매입채무 (기초 1,300,000원, 기말 1,100,000원, 외화환산이익 30,000원)

(차) 매입채무	200,000	(대) 매입채무의 감소	170,000(I)
		외화환산이익	30,000(I)

⑫ 미지급비용 (기초 200,000원, 기말 180,000원)

(차) 미지급비용	200,000	(대) 미지급비용의 감소	200,000(I)

⑬ 당기법인세부채 (기초 100,000원, 기말 200,000원)

(차) 당기법인세부채의 증가 100,000(I)	(대) 당기법인세부채	100,000

⑭ 장기차입금 (기초 1,500,000원, 기말 1,320,000원)

(차) 장기차입금	180,000	(대) 장기차입금의상환	180,000(Ⅲ)

⊕ 분석5

기본예제 재무상태표 계정별로 추정분개 방법으로 분석하면 다음과 같다.

자료1 재무상태표

과 목	2013년(전기)	2014년(당기)	증 감 액
퇴 직 급 여 충 당 부 채	500,000	400,000	(-)100,000
(자　　　본　　　금)	2,000,000	2,200,000	200,000
(이　익　잉　여　금)	1,000,000	1,300,000	300,000

⑮ **퇴직급여충당부채** (기초 500,000원, 기말 400,000원, 퇴직급여 120,000원)

(차) 퇴직급여	120,000(Ⅰ)	(대) 퇴직금의 지급	220,000(Ⅰ)
퇴직급여충당부채	100,000		

⑯ **자본금** (기초 2,000,000원, 기말 2,200,000원)

(차) 보통주의발행	200,000(Ⅲ)	(대) 자본금	200,000

⑰ **이익잉여금** (기초 1,000,000원, 기말 1,300,000원)

(차) 당기순이익	300,000(Ⅰ)	(대) 이익잉여금	300,000

:: 현금흐름표 작성

계정별로 추정분개를 한 후 분개의 내역에 따라 현금흐름표 양식에 맞춰 옮겨 적는다.

이 작성방법은 현금흐름표 작성에 대한 이해가 쉽지만, 계정별로 추정 분개를 하여야 하는 번거로움과 검증하기 어렵다는 단점 등 때문에 실무에서는 거의 사용되고 있지 않다.

T계정 분석을 통한 현금흐름표와 같으며, 추정분개를 통한 현금흐름표는 다음과 같다.

현금흐름표(간접법)

제3기 2014년 1월 1일부터 2014년 12월 31일 까지

(주)홍선

과　　목		제3기 (당기)
Ⅰ. 영업활동으로 인한 현금흐름		(-)220,000
1. 당기순이익	300,000	
2. 현금의 유출이 없는 비용 등의 가산	450,000	
퇴직급여	120,000	
대손상각비	150,000	
단기매매증권평가손실	80,000	
감가상각비	100,000	
3. 현금의 유입이 없는 수익 등의 차감	(-)230,000	
외화환산이익	30,000	
유형자산처분이익	200,000	
4. 영업활동으로 인한 자산·부채의 변동	(-)740,000	
매출채권의 증가	(-)450,000	
재고자산의 감소	100,000	
이연법인세자산의 증가	(-)80,000	
매입채무의 감소	(-)170,000	
미지급비용의 감소	(-)20,000	
당기법인세부채의 증가	100,000	
퇴직금의 지급	(-)220,000	
Ⅱ. 투자활동으로 인한 현금흐름		520,000
1. 투자활동으로 인한 현금유입액	1,100,000	
기계장치의 처분	1,100,000	
2. 투자활동으로 인한 현금유출액	(-)580,000	
가. 단기금융상품의 취득	300,000	
나. 단기매매증권의 취득	280,000	
Ⅲ. 재무활동으로 인한 현금흐름		20,000
1. 재무활동으로 인한 현금유입액	200,000	
보통주의 발행	200,000	
2. 재무활동으로 인한 현금유출액	(-)180,000	
장기차입금의 상환	180,000	
Ⅳ. 현금의 증가		320,000
Ⅴ. 기초의 현금		800,000
Ⅵ. 기말의 현금		1,120,000

6. 정산표를 이용한 작성방법

∷ 기본형식과 작성순서

정산표를 이용한 현금흐름표 작성방법은 회계법인의 공인회계사들이 엑셀을 사용하여 실무적으로 가장 많이 이용하는 방법이다.

이 방법은 현금흐름표에 대한 충분한 이해를 바탕으로 정산표에서 계정별로 현금흐름을 구분하여 표시하는 것으로 정산표의 기본적인 형식과 작성순서는 다음과 같다.

계정과목	기초금액	기말금액	증감금액	영업활동	투자활동	재무활동	대체금액
①	①	①	①	②	②	②	③

① 기초와 기말의 재무상태표를 이용하여 계정과목, 기초금액, 기말금액, 증감금액을 기재한다.

② 손익계산서와 합계잔액시산표, 제조원가명세서, 기타자료 등을 이용하여 증감금액을 현금흐름의 활동별 (영업활동, 투자활동, 재무활동)로 구분하여 기재한다.

③ 현금흐름이 발생하지 않는 계정간의 대체금액을 기재한다.

정산표를 작성한 후에 증감금액이 활동별 현금흐름과 대체금액의 합계와 일치하는지 검증한다.

⬧ 일반적인 경우

일반적인 경우 정산표에서 영업활동, 투자활동, 재무활동란에는 금액만 입력하지만, 회사의 규모가 크거나 계정이 복잡한 경우에는 별도의 란을 삽입하여 그 내역을 부기하기도 한다.

⬧ 정산표를 이용한 현금흐름표 작성

정산표를 이용한 현금흐름표 작성은 T계정 분석이나 분개를 통한 현금흐름표 작성 방법에 비하여 수정이 용이하고 검증이 가능하다는 장점이 있으나, 현금흐름표에 대한 충분한 이해와 지식이 전제되지 않는다면 정산표를 작성하기가 어렵다는 단점이 있다.

또한, 작성된 정산표에 근거하여 다시 현금흐름표를 작성해야 한다는 번거로움이 있으며, 활동별 현금흐름에 금액만 기재하고 내역을 부기하지 않는 경우 그 내역을 파악하기가 쉽지 않으므로 거래가 복잡하거나 규모가 큰 회사에 적용하기에는 한계가 있다.

∷ 정산표 작성사례

예를 들어 단기매매증권 계정의 증감 내역을 정산표로 작성하면
다음 사례와 같다.

예제

- 기초금액 : 600,000원
- 기말금액 : 200,000원
- 단기매매증권평가손실 : 50,000원
- 단기매매증권처분손실 : 100,000원
- 처분금액 : 250,000원

작성

계정과목	기초금액	기말금액	증감금액	영업활동	투자활동	재무활동	대체금액
단기매매증권	600,000	200,000	-400,000	150,000	250,000		

정산표 상에서 영업활동으로 인한 현금 유입액 150,000원은 단기
매매증권평가손실 50,000원과 단기매매증권처분손실 100,000원이 합
산된 금액으로 그 내역을 부기하지 않는 경우 현금흐름표 작성시 내
역을 파악하기에 어려움이 있다.

∷ 정산표 작성

기본예제를 정산표로 작성하면 다음과 같다.

● 기본예제

자료1　　　　　　　　　　　재무상태표

과 목	2013년(전기)	2014년(당기)	증 감 액
（자　　　　　산）			
현 금 및 현 금 성 자 산	800,000	1,120,000	320,000
단 기 금 융 상 품	600,000	900,000	300,000
단 기 매 매 증 권	100,000	300,000	200,000
매 출 채 권	600,000	1,000,000	400,000
대 손 충 당 금	(-)100,000	(-)200,000	(-)100,000
재 고 자 산	1,000,000	900,000	(-)100,000
이 연 법 인 세 자 산	100,000	180,000	80,000
기 계 장 치	3,000,000	2,500,000	(-)500,000
감 가 상 각 누 계 액	(-)1,000,000	(-)800,000	200,000
건 설 중 인 자 산	1,500,000	800,000	(-)700,000
자 산 총 계	6,600,000	6,700,000	100,000
（부　　　　　채）			
매 입 채 무	1,300,000	1,100,000	(-)200,000
미 지 급 비 용	200,000	180,000	(-)20,000
당 기 법 인 세 부 채	100,000	200,000	100,000
장 기 차 입 금	1,500,000	1,320,000	(-)180,000
퇴 직 급 여 충 당 부 채	500,000	400,000	(-)100,000
（자　　본　　금）	2,000,000	2,200,000	200,000
（이 익 잉 여 금）	1,000,000	1,300,000	300,000
부 채 와 자 본 총 계	6,600,000	6,700,000	100,000

⟐ 정산표

기본예제 재무상태표를 정산표로 작성하면 다음과 같다.

정 산 표

계정 과목	기초 금액	기말 금액	증감 금액	영업 활동	투자 활동	재무 활동	대체 금액
현금및현금성자산	800,000	1,120,000	3,200,000				
단 기 금 융 상 품	600,000	900,000	300,000		-300,000		
단 기 매 매 증 권	100,000	300,000	200,000	80,000	-280,000		
매 출 채 권	600,000	1,000,000	400,000	-450,000			50,000
대 손 충 당 금	-100,000	-200,000	-100,000	150,000			-50,000
재 고 자 산	1,000,000	900,000	-100,000	100,000			
이 연 법 인 세 차	100,000	180,000	80,000	-80,000			
기 계 장 치	3,000,000	2,500,000	-500,000	-200,000	1,100,000		-400,000
감 가 상 각 누 계 액	-1,000,000	-800,000	200,000	100,000			-300,000
건 설 중 인 자 산	1,500,000	800,000	-700,000				700,000
매 입 채 무	1,300,000	1,100,000	-200,000	-200,000			
미 지 급 비 용	200,000	180,000	-20,000	-20,000			
당 기 법 인 세 부 채	100,000	200,000	100,000	100,000			
장 기 차 입 금	1,500,000	1,320,000	-180,000			-180,000	
퇴직급여충당부채	500,000	400,000	-100,000	-100,000			
자 본 금	2,000,000	2,200,000	200,000			200,000	
이 익 잉 여 금	1,000,000	1,300,000	300,000	300,000			
합 계				-220,000	520,000	20,000	-

⠿ 현금흐름표 작성

　정산표를 작성한 후에는 정산표의 내용에 따라 양식에 맞춰 현금
흐름표를 작성한다.

현금흐름표(간접법)

제3기 2014년 1월 1일부터 2014년 12월 31일 까지

(주)홍선

과　　목		제3기 (당기)
Ⅰ. 영업활동으로 인한 현금흐름		(-)220,000
1. 당기순이익	300,000	
2. 현금의 유출이 없는 비용 등의 가산	450,000	
퇴직급여	120,000	
대손상각비	150,000	
단기매매증권평가손실	80,000	
감가상각비	100,000	
3. 현금의 유입이 없는 수익 등의 차감	(-)230,000	
외화환산이익	30,000	
유형자산처분이익	200,000	
4. 영업활동으로 인한 자산·부채의 변동	(-)740,000	
매출채권의 증가	(-)450,000	
재고자산의 감소	100,000	
이연법인세자산의 증가	(-)80,000	
매입채무의 감소	(-)170,000	
미지급비용의 감소	(-)20,000	
당기법인세부채의 증가	100,000	
퇴직금의 지급	(-)220,000	
Ⅱ. 투자활동으로 인한 현금흐름		520,000
1. 투자활동으로 인한 현금유입액	1,100,000	
기계장치의 처분	1,100,000	
2. 투자활동으로 인한 현금유출액	(-)580,000	
단기금융상품의 취득	300,000	
단기매매증권의 취득	280,000	
Ⅲ. 재무활동으로 인한 현금흐름		20,000
1. 재무활동으로 인한 현금유입액	200,000	
보통주의 발행	200,000	
2. 재무활동으로 인한 현금유출액	(-)180,000	
장기차입금의 상환	180,000	
Ⅳ. 현금의 증가		320,000
Ⅴ. 기초의 현금		800,000
Ⅵ. 기말의 현금		1,120,000

제6장
엑셀을 이용한
현금흐름표의 작성방법

∷ 작성 형식과 절차

MS(Microsoft)의 엑셀(Excel) 피벗테이블(Pivot Table)을 이용하여 현금흐름표를 작성하는 방법은 정산표의 작성과정이라 할 수 있다. 정산표만 작성되면 엑셀의 피벗테이블 기능에 의하여 현금흐름표는 자동으로 작성되기 때문이다.

현금흐름표 작성의 전제가 되는 정산표의 형식과 일반적인 작성 순서는 다음과 같다.

계정과목	기초	대	중	내역	금액	기말
①	①	④	④	②, ③	②, ③	①

1) 비교 재무상태표를 이용하여 계정과목, 기초금액과 기말금액을 기재한다.(①)
2) 손익계산서와 제조원가명세서 등을 이용하여 손익사항 중 비현금사항과 비영업활동사항의 내역과 금액을 기재한다.(②,③)
3) 합계잔액시산표를 이용하여 재무상태표 항목의 증감 내역과 금액을 기재한다.(②,③)
4) 내역에 따라 현금흐름을 활동별로 분류하여 대 및 중 란에 기재한다.(④)

⠿ 작성시 유의사항

위 정산표에서 대와 중 란에는 숫자를 기재하는데, 각각의 숫자가 중심축(Pivot)이 되어 피벗테이블 기능에 의하여 현금흐름표가 작성된다.

'대'와 '중' 란에 기재하는 숫자는 현금흐름표 양식의 대분류와 중분류 번호와 동일하며 각 숫자의 의미는 다음과 같다.

현금흐름표 양식의 분류의미

대	의 미	중	의 미
1	영업활동으로 인한 현금흐름	1	당기순이익
		2	현금의 유출이 없는 비용 등의 가산
		3	현금의 유입이 없는 수익 등의 차감
		4	영업활동으로 인한 자산·부채의 변동
2	투자활동으로 인한 현금흐름	1	투자활동으로 인한 현금 유입액
		2	투자활동으로 인한 현금 유출액
3	재무활동으로 인한 현금흐름	1	재무활동으로 인한 현금 유입액
		2	재무활동으로 인한 현금 유출액
4	현금의 증가(감소)	1	
5	계정과목간 대체	1	

'대'와 '중' 란에 들어갈 숫자와 각각의 숫자가 지니는 의미는 충분히 숙지하고 있어야 다음에서 설명하는 정산표 작성에 어려움이 없다.

즉, 1-1은 '영업활동으로 인한 현금흐름' 중 '당기순이익', 1-2는 '영

업활동으로 인한 현금흐름' 중 '현금의 유출이 없는 비용 등의 가산'
으로 숙지해야 한다.

:: 현금흐름표 작성을 위한 엑셀 실행절차

정산표를 작성한 후 다음의 순서에 따라 MS 엑셀의 피벗테이블을
이용하여 현금흐름표를 작성한다.

① 피벗테이블 실행

- 엑셀 → 메뉴 → 삽입 → 피벗테이블 선택

② 피벗테이블 만들기

- 분석할 데이터 선택

- 피벗테이블 보고서 넣을 위치 선택

③ 피벗테이블 필드목록에서 레이아웃 실행

참고 엑셀에서 데이터베이스의 핵심기능인 피벗테이블

피벗테이블은 많은 양의 데이터를 빨리 요약할 때 사용할 수 있는 대화형 테
이블이다. 테이블의 행과 열을 중심축으로 하여 원본 데이터를 다르게 요약
하여 보거나, 다른 페이지를 표시하여 데이터를 필터링 하거나, 관심 있는 영
역의 하위 수준을 나타낼 때 사용되는 기능으로 피벗(Pivot)은 말 그대로 중
심축을 의미하는 것이다.

기본예제를 이용하여 정산표 작성방법을 각 계정과목별로 상세하게 설명하고자 한다.

정산표만 작성하면 엑셀의 피벗테이블 기능을 이용하여 현금흐름표는 자동으로 작성되므로 정산표의 작성 과정이 이 책의 가장 핵심적인 부분이라 할 수 있다.

1 현금 및 현금성자산

계정과목	기 초	대	중	내 역	금 액	기 말
현금 및 현금성자산	800,000	4	1	현금의 증가	-320,000	1,120,000

① 비교 재무상태표를 이용하여 계정과목, 기초 및 기말 금액을 기재한다.

② 금액란에는 현금 및 현금성자산의 증감 금액을 기재하며, 피벗테이블의 합계 검증을 위하여 현금의 증가는 (-)로, 현금의 감소는 (+)로 표시한다. 여기에서 현금의 증가를 (-)로, 현금의 감소를 (+)로 표시하는 이유는 현금 대 비현금 항목의 합계가 '0'이 되는 것을 이용하여 현금흐름표 작성에 오류가 없었는지를 검증

하기 위한 목적이다.

③ 내역란에는 현금흐름표에 기재될 계정과목을 기재한다.(현금의 증가 또는 현금의 감소)

④ 현금의 증가 또는 감소는 대분류 4에 해당되므로 '대'에는 4, '중'에는 1을 기재한다.

❷ 단기금융상품

계정과목	기 초	대	중	내 역	금 액	기 말
단기금융상품	600,000	2	2	단기금융상품의취득	-300,000	900,000

① 비교 재무상태표를 이용하여 계정과목, 기초 및 기말 금액을 기재한다.

② 단기금융상품의 증감내역에 따라 내역란과 금액란을 기재한다. 단기금융상품의 취득으로 현금이 유출되므로 부호는 (-)로 표시한다.

③ 단기금융상품의 취득은 'Ⅱ. 투자활동으로 인한 현금흐름' 중 '2. 투자활동으로 인한 현금 유출액'에 해당되므로 '대'에는 2, '중'에는 2를 기재한다.

3 단기매매증권

계정과목	기초	대	중	내역	금액	기말
단기매매증권	100,000	2 1	2 2	단기매매증권의취득 단기매매증권평가손실	-280,000 80,000	300,000

① 비교 재무상태표를 이용하여 계정과목, 기초 및 기말 금액을 기재한다.

② 단기매매증권의 증감내역에 따라 내역란과 금액란을 기재한다. 단기매매증권의 순증가금액 200,000원은 단기매매증권의 취득으로 인한 증가 280,000원과 단기매매증권의 평가로 인한 감소 80,000원으로 구성되며, 단기매매증권의 취득으로 현금이 280,000원 유출되었으므로 부호는 (-)로, 단기매매증권평가손실은 현금의 유출이 없는 비용 등에 해당되므로 부호는 (+)로 표시한다.

앞에서 살펴본 바와 같이 단기매매증권평가손실 등 현금의 유출이 없는 비용 등을 가산하는 이유는 간접법에 의한 현금흐름표는 당기순이익이 현금영업이익이라는 가정하에서 출발하므로 당기순이익을 구성하는 손익 중 현금의 유출이 없는 비용 등을 가산하고, 현금의 유입이 없는 수익 등을 차감하여야 하기 때문이다.

③ 단기매매증권의 취득은 'Ⅱ. 투자활동으로 인한 현금흐름' 중 '2. 투자활동으로 인한 현금 유출액'에 해당되므로 '대'에는 2, '중'에

는 2를 기재하며, 단기매매증권평가손실은 'Ⅰ. 영업활동으로 인한 현금흐름' 중 '2. 현금의 유출이 없는 비용 등의 가산'에 해당되므로 '대'에는 1, '중'에는 2를 기재한다.

4 매출채권 및 대손충당금

계정과목	기초	대	중	내역	금액	기말
매출채권	600,000	1	4	매출채권의 증가	-450,000	1,000,000
		5	1	대손충당금에서 대체	50,000	
대손충당금	-100,000	1	2	대손상각비	150,000	-200,000
		5	1	매출채권으로 대체	-50,000	

① 매출채권에 대한 대손충당금처럼 차감항목이 있는 계정은 차감항목부터 먼저 분석한다.

② 비교 재무상태표를 이용하여 계정과목, 기초 및 기말 금액을 기재한다.

③ 대손충당금의 증감 내역에 따라 내역란과 금액란을 기재한다. 대손충당금의 순증가금액 100,000원은 대손상각비로 인한 증가 150,000원과 매출채권과 상계 처리되어 감소한 50,000원으로 구성되며, 대손상각비는 현금의 유출이 없는 비용 등에 해당되므로 부호는 (+)로 표시하고 매출채권과 상계 처리된 대손충당금의 감소는 매출채권으로 대체시킨 후 매출채권 계정에서 분석한다.(대손충당금의 감소는 부채의 감소이므로 부호는 (-)임)

④ 매출채권의 증감 내역에 따라 내역란과 금액란을 기재한다. 먼저 대손충당금과 상계 처리된 매출채권은 '대손충당금에서 대체'란 내역으로 기재하고 매출채권의 감소로 보아 부호는 (+)로 표시하며, 매출채권의 총 증가금액 450,000원은 (-)로 표시한다.

⑤ 대손상각비는 'Ⅰ. 영업활동으로 인한 현금흐름' 중 '2. 현금의 유출이 없는 비용 등의 가산'에 해당되므로 '대'에는 1, '중'에는 2를 기재하며, 매출채권의 증가는 'Ⅰ. 영업활동으로 인한 현금흐름' 중 '4. 영업활동으로 인한 자산·부채의 변동'에 해당되므로 '대'에는 1, '중'에는 4를 기재한다. 대손이 발생되어 대손충당금과 상계 처리된 매출채권은 계정간 대체이므로 '대'에는 5, '중'에는 1을 기재한다.

5 재고자산

계정과목	기초	대	중	내역	금액	기말
재고자산	1,000,000	1	4	재고자산의감소	100,000	900,000

① 비교 재무상태표를 이용하여 계정과목, 기초 및 기말 금액을 기재한다.

② 재고자산의 증감 내역에 따라 내역란과 금액란을 기재한다. 재고자산의 감소로 인하여 현금이 유입되므로 부호는 (+)로 표시한다.

③ 재고자산의 감소는 'Ⅰ. 영업활동으로 인한 현금흐름' 중 '4. 영업

활동으로 인한 자산·부채의 변동'에 해당되므로 '대'에는 1, '중'에
는 4를 기재한다.

④ 일반적으로 재고자산은 제품이나, 상품, 원재료 등 각 계정별로
세분화하여 현금흐름표에 표시하지 않고 재고자산 전체를 하나
로 묶어 표시한다.

6 이연법인세자산

계정과목	기초	대	중	내역	금액	기말
이연법인세자산	100,000	1	4	이연법인세자산의 증가	-80,000	180,000

① 비교 재무상태표를 이용하여 계정과목, 기초 및 기말 금액을 기
재한다.

② 이연법인세자산의 증감 내역에 따라 내역란과 금액란을 기재한
다. 이연법인세자산의 증가로 인하여 현금이 유출되므로 부호는
(-)로 표시한다.

③ 이연법인세자산의 증가는 'Ⅰ. 영업활동으로 인한 현금흐름' 중
'4. 영업활동으로 인한 자산·부채의 변동'에 해당되므로 '대'에는
1, '중'에는 4를 기재한다.

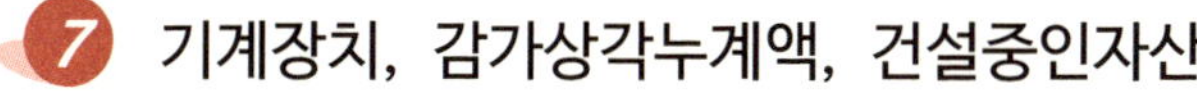

7 기계장치, 감가상각누계액, 건설중인자산

계정과목	기초	대	중	내역	금액	기말
기계장치	3,000,000	2	1	기계장치의 처분	1,100,000	2,500,000
		1	3	유형자산처분이익	-200,000	
		5	1	감가상각누계액에서 대체	300,000	
		5	1	건설중인자산에서 대체	-700,000	
감가상각 누계액	-1,000,000	1	2	감가상각비	100,000	-800,000
		5	1	기계장치로 대체	-300,000	
건설중인자산	1,500,000	5	1	기계장치로 대체	700,000	800,000

① 유형자산의 경우 건설중인자산과 감가상각누계액을 먼저 분석한
다.

② 비교 재무상태표를 이용하여 계정과목, 기초 및 기말 금액을 기
재한다.

③ 건설중인자산의 증감내역에 따라 내역란과 금액란을 기재한다.
건설중인자산의 감소는 기계장치로 대체된 금액이므로 내역란에
는 '기계장치로 대체'라 기재하고 부호는 자산의 감소에 해당되므
로 (+)로 표시한다.

④ 감가상각누계액의 증감 내역에 따라 내역란과 금액란을 기재한
다. 감가상각누계액의 순감소금액 200,000원은 감가상각비로 인
한 증가 100,000원과 기계장치 처분시 상계 처리되어 감소한
300,000원으로 구성되며, 내역란에는 각각 '감가상각비', '기계장
치로 대체'라 기재한다. 감가상각비는 현금의 유출이 없는 비용
등에 해당되므로 부호는 (+)로 표시하고 기계장치와 상계 처리된

감가상각누계액의 감소(부채의 감소)의 부호는 (-)로 표시한다.

⑤ 기계장치의 증감 내역에 따라 내역란과 금액란을 기재한다. 먼저 건설중인자산에서 대체된 금액은 '건설중인자산에서 대체'란 내역으로 기재하고 기계장치의 증가로 보아 부호는 (-)로 표시하며, 감가상각누계액에서 대체된 금액은 '감가상각누계액에서 대체'란 내역으로 기재하고 기계장치의 감소로 보아 부호는 (+)로 표시한다. 유형자산처분이익은 현금의 유입이 없는 수익 등에 해당되므로 부호는 (-)로 처리하며, 기계장치의 처분으로 인하여 현금이 유입되므로 처분금액은 (+)로 표시한다.

⑥ 건설중인자산에서 본 계정인 기계장치로 대체된 금액은 계정 간의 대체에 해당하므로 '대'에는 5, '중'에는 1을 기재한다.

⑦ 감가상각비는 'Ⅰ. 영업활동으로 인한 현금흐름' 중 '2. 현금의 유출이 없는 비용 등의 가산'에 해당되므로 '대'에는 1, '중'에는 2를 기재하며, 기계장치의 처분시 상계 처리된 감가상각누계액은 계정 간의 대체에 해당하므로 '대'에는 5, '중'에는 1을 기재한다.

⑧ 유형자산처분이익은 'Ⅰ. 영업활동으로 인한 현금흐름' 중 '3. 현금의 유입이 없는 수익 등의 차감'에 해당하므로 '대'에는 1, '중'에는 3을 기재하며, 기계장치의 처분금액은 'Ⅱ. 투자활동으로 인한 현금흐름' 중 '1. 투자활동으로 인한 현금 유입액'에 해당하므로 '대'에는 2, '중'에는 1을 기재한다.

8 매입채무

계정과목	기초	대	중	내역	금액	기말
매입채무	1,300,000	1	4	매입채무의감소	-170,000	1,100,000
		1	3	외화환산이익	-30,000	

① 비교 재무상태표를 이용하여 계정과목, 기초 및 기말 금액을 기
재한다.

② 매입채무의 증감 내역에 따라 내역란과 금액란을 기재한다. 매입
채무의 감소금액은 200,000원은 외화환산이익으로 인한 감소
30,000원과 매입채무의 지급으로 인한 감소 170,000원으로 구성
되며, 두 가지 모두 부채의 감소에 해당되므로 부호는 (-)로 표시
한다.

③ 외화환산이익은 'Ⅰ. 영업활동으로 인한 현금흐름' 중 '3. 현금의
유입이 없는 수익 등의 차감'에 해당하므로 '대'에는 1, '중'에는 3
을 기재하며, 매입채무의 감소는 'Ⅰ. 영업활동으로 인한 현금흐
름' 중 '4. 영업활동으로 인한 자산·부채의 변동'에 해당하므로
'대'에는 1, '중'에는 4를 기재한다.

9 미지급비용

계정과목	기초	대	중	내역	금액	기말
미지급비용	200,000	1	4	미지급비용의 감소	-20,000	180,000

① 비교 재무상태표를 이용하여 계정과목, 기초 및 기말 금액을 기재한다.

② 미지급비용의 증감 내역에 따라 내역란과 금액란을 기재한다. 미지급비용의 감소로 인하여 현금이 유출되므로 부호는 (-)로 표시한다.

③ 미지급비용의 감소는 'Ⅰ. 영업활동으로 인한 현금흐름' 중 '4. 영업활동으로 인한 자산·부채의 변동'에 해당되므로 '대'에는 1, '중'에는 4를 기재한다.

10 당기법인세부채

계정과목	기초	대	중	내역	금액	기말
당기법인세부채	100,000	1	4	당기법인세부채의증가	100,000	200,000

① 비교 재무상태표를 이용하여 계정과목, 기초 및 기말 금액을 기재한다.

② 당기법인세부채의 증감 내역에 따라 내역란과 금액란을 기재한다. 당기법인세부채의 증가로 인하여 현금이 유입되므로 부호는

(+)로 표시한다.

③ 당기법인세부채의 증가는 'Ⅰ. 영업활동으로 인한 현금흐름' 중 '4. 영업활동으로 인한 자산·부채의 변동'에 해당되므로 '대'에는 1, '중'에는 4를 기재한다.

⑪ 장기차입금

계정과목	기초	대	중	내역	금액	기말
장기차입금	1,500,000	3	2	장기차입금의 상환	-180,000	1,320,000

① 비교 재무상태표를 이용하여 계정과목, 기초 및 기말 금액을 기재한다.

② 장기차입금의 증감 내역에 따라 내역란과 금액란을 기재한다. 장기차입금의 상환으로 인하여 현금이 유출되므로 부호는 (-)로 표시한다.

③ 장기차입금의 상환은 'Ⅲ. 재무활동으로 인한 현금흐름' 중 '2. 재무활동으로 인한 현금의 유출액'에 해당되므로 '대'에는 3, '중'에는 2를 기재한다.

12 퇴직급여충당부채

계정과목	기초	대	중	내역	금액	기말
퇴직급여충당부채	500,000	1	2	퇴직급여	120,000	400,000
		1	4	퇴직금의 지급	-220,000	

① 비교 재무상태표를 이용하여 계정과목, 기초 및 기말 금액을 기재한다.

② 퇴직급여충당부채의 증감 내역에 따라 내역란과 금액란을 기재한다. 퇴직급여는 현금의 유출이 없는 비용이므로 부호는 (+)로 표시하고, 퇴직금의 지급은 현금의 유출에 해당되므로 부호는 (-)로 표시한다.

③ 퇴직급여는 'Ⅰ. 영업활동으로 인한 현금흐름' 중 '2. 현금의 유출이 없는 비용 등의 가산'에 해당되므로 '대'에는 1, '중'에는 2를 기재하며, 퇴직금의 지급은 'Ⅰ. 영업활동으로 인한 현금흐름' 중 '4. 영업활동으로 인한 자산·부채의 변동'에 해당되므로 '대'에는 1, '중'에는 4를 기재한다.

13 자본금

계정과목	기초	대	중	내역	금액	기말
자본금	2,000,000	3	1	보통주의발행	200,000	2,200,000

① 비교 재무상태표를 이용하여 계정과목, 기초 및 기말 금액을 기

재한다.

② 자본금의 증감 내역에 따라 내역란과 금액란을 기재한다. 보통주의 발행으로 인하여 현금이 유입되므로 부호는 (+)로 표시한다.

③ 자본금의 증가는 'Ⅲ. 재무활동으로 인한 현금흐름' 중 '1. 재무활동으로 인한 현금 유입액'에 해당되므로 '대'에는 3, '중'에는 1을 기재한다.

14 이익잉여금

계정과목	기초	대	중	내역	금액	기말
이익잉여금	1,000,000	1	1	당기순이익	300,000	1,300,000

① 비교 재무상태표를 이용하여 계정과목, 기초 및 기말 금액을 기재한다.

② 이익잉여금의 증감 내역에 따라 내역란과 금액란을 기재한다. 간접법에 의한 현금흐름표는 당기순이익이 현금영업이익이란 가정 하에서 비현금 비용과 비현금 수익을 가감하고 현금흐름을 활동별로 구분하는 방법이다. 따라서 당기순이익의 부호는 (+)로 표시한다.

③ 당기순이익은 'Ⅰ. 영업활동으로 인한 현금흐름' 중 '1. 당기순이익'에 해당되므로 '대'에는 1, '중'에는 1을 기재한다.

　엑셀 피벗테이블을 이용하여 현금흐름표를 작성하기 위해서는 이러한 정산표의 작성이 선행되어야 한다. 처음에는 정산표의 작성에 어려움이 있어 보이나 몇 가지 사항만 주의한다면 아무리 복잡한 회사의 현금흐름표도 쉽게 작성할 수가 있다.

앞장에서 설명한 다른 방법에 비하여 피벗테이블을 이용하게 되면 자동으로 현금흐름표가 작성되므로 정산표를 작성한 후 수작업에 의하여 현금흐름표를 다시 작성할 필요가 없다는 장점이 있으며, 대체거래가 많은 복잡한 실무에 적용하기에는 가장 좋은 방법이라 여겨진다. 특히 검증이나 수정이 쉽다는 것은 다른 방법에 비하여 매우 큰 장점이라 할 수 있다.

15 정산표 작성

다음의 기본예제를 엑셀 피벗테이블을 이용한 현금흐름표를 작성하기 위하여, 작성한 정산표의 내역은 다음과 같다.

- 기본예제
- 정산표 작성 내역

:: 기본예제

재무상태표

과 목	2013년(전기)	2014년(당기)	증 감 액
(자 산)			
현 금 및 현 금 성 자 산	800,000	1,120,000	320,000
단 기 금 융 상 품	600,000	900,000	300,000
단 기 매 매 증 권	100,000	300,000	200,000
매 출 채 권	600,000	1,000,000	400,000
대 손 충 당 금	(-)100,000	(-)200,000	(-)100,000
재 고 자 산	1,000,000	900,000	(-)100,000
이 연 법 인 세 자 산	100,000	180,000	80,000
기 계 장 치	3,000,000	2,500,000	(-)500,000
감 가 상 각 누 계 액	(-)1,000,000	(-)800,000	200,000
건 설 중 인 자 산	1,500,000	800,000	(-)700,000
자 산 총 계	6,600,000	6,700,000	100,000
(부 채)			
매 입 채 무	1,300,000	1,100,000	(-)200,000
미 지 급 비 용	200,000	180,000	(-)20,000
당 기 법 인 세 부 채	100,000	200,000	100,000
장 기 차 입 금	1,500,000	1,320,000	(-)180,000
퇴 직 급 여 충 당 부 채	500,000	400,000	(-)100,000
(자 본 금)	2,000,000	2,200,000	200,000
(이 익 잉 여 금)	1,000,000	1,300,000	300,000
부 채 와 자 본 총 계	6,600,000	6,700,000	100,000

정산표 작성 내역

계정과목	기초	대	중	내역	금액	기말
(자 산)						
현금 및 현금성자산	800,000	4	1	현 금 의 증 가	-320,000	1,120,000
단 기 금 융 상 품	600,000	2	2	단 기 금 융 상 품 의 취 득	-300,000	900,000
단 기 매 매 증 권	100,000	2	2	단 기 매 매 증 권 의 취 득	-280,000	300,000
		1	2	단 기 매 매 증 권 평 가 손 실	80,000	
매 출 채 권	600,000	1	4	매 출 채 권 의 증 가	-450,000	1,000,000
		5	1	대 손 충 당 금 에 서 대 체	50,000	
대 손 충 당 금	-100,000	1	2	대 손 상 각 비	150,000	-200,000
		5	1	매 출 채 권 으 로 대 체	-50,000	
재 고 자 산	1,000,000	1	4	재 고 자 산 의 감 소	100,000	900,000
이 연 법 인 세 자 산	100,000	1	4	이 연 법 인 세 자 산 의 증 가	-80,000	180,000
기 계 장 치	3,000,000	2	1	기 계 장 치 의 처 분	1,100,000	2,500,000
		1	3	유 형 자 산 처 분 이 익	-200,000	
		5	1	감 가 상 각 누 계 액 에 서 대 체	300,000	
		5	1	건 설 중 인 자 산 에 서 대 체	-700,000	
감 가 상 각 누 계 액	-1,000,000	1	2	감 가 상 각 비	100,000	-800,000
		5	1	기 계 장 치 로 대 체	-300,000	
건 설 중 인 자 산	1,500,000	5	1	기 계 장 치 로 대 체	700,000	800,000
자 산 총 계	6,600,000					6,700,000
(부 채)						
매 입 채 무	1,300,000	1	4	매 입 채 무 의 감 소	-170,000	1,100,000
		1	3	외 화 환 산 이 익	-30,000	
미 지 급 비 용	200,000	1	4	미 지 급 비 용 의 감 소	-20,000	180,000
당 기 법 인 세 부 채	100,000	1	4	당 기 법 인 세 부 채 의 증 가	100,000	200,000
장 기 차 입 금	1,500,000	3	2	장 기 차 입 금 의 상 환	-180,000	1,320,000
퇴 직 급 여 충 당 부 채	500,000	1	2	퇴 직 급 여	120,000	400,000
		1	4	퇴 직 금 의 지 급	-220,000	
(자 본)						
자 본 금	2,000,000	3	1	보 통 주 의 발 행	200,000	2,200,000
이 익 잉 여 금	1,000,000	1	1	당 기 순 이 익	300,000	1,300,000
부 채 와 자 본 총 계	6,600,000					6,700,000

　위 정산표에서 피벗테이블에 의하여 현금흐름표를 작성하는 데
필요한 부분은 '대, 중, 내역, 금액' 란이다.

　현금 및 현금성자산 계정 분석 시 현금의 증가는 (-)로 표시하고,
현금의 감소는 (+)로 표시하였기 때문에 정산표에서 금액란의 합계
는 항상 '0'이 되어야 한다.

'회계사님 피벗테이블이 안 돼요?'

'회계사님! 피벗테이블 기능이 없는데요?'

　「예전에 현금흐름표 교육을 받았던 기업 실무자에게서 전화가 왔다. 그럴
　리가… 한참 만에 질문자는 정산표를 '워드'에서 작성한 것을 알게 되었다.
　」

'황당 …'

피벗테이블을 활용하기 위해서는 정산표를 꼭 '엑셀'에서 작성해야 한다.

3. 엑셀 피벗테이블을 이용한 현금흐름표의 작성

정산표의 작성이 끝나면 다음의 순서에 의하여 현금흐름표를 작성한다.

❶ 피벗테이블 실행

엑셀의 메뉴 중 '삽입'에 있는 '피벗테이블(T)'을 실행한다.

계정과목	전기말	대	중	내 역	금 액	당기말
현금및현금성자산	800,000	4	1	현금의증가	- 320,000	1,120,000
단기금융상품	600,000	2	2	단기금융상품의취득	- 300,000	900,000
단기매매증권	100,000	2	2	단기매매증권의취득	- 280,000	300,000
		1	2	단기매매증권평가손실	80,000	
매출채권	600,000	1	4	매출채권의증가	- 450,000	1,000,000
		5	1	대손충당금에서대체	50,000	
대손충당금	- 100,000	1	2	대손상각비	150,000	- 200,000
		5	1	매출채권으로대체	- 50,000	
재고자산	1,000,000	1	4	재고자산의 감소	100,000	900,000
기계장치	3,000,000	2	1	기계장치의처분	1,100,000	2,500,000
		1	3	유형자산처분이익	- 200,000	
		5	1	감가상각누계액에서대체	300,000	
		5	1	건설중인자산에서대체	- 700,000	
감가상각누계액	- 1,000,000	1	2	감가상각비	100,000	- 800,000
		5	1	기계장치로대체	- 300,000	
건설중인자산	1,500,000	5	1	기계장치로대체	700,000	800,000
이연법인세자산	100,000	1	4	이연법인세자산의증가	- 80,000	180,000
자산총계	6,600,000					6,700,000
매입채무	1,300,000	1	4	매입채무의감소	- 170,000	1,100,000
		1	3	외화환산이익	- 30,000	
미지급비용	200,000	1	4	미지급비용의감소	- 20,000	180,000
당기법인세부채	100,000	1	4	당기법인세부채의증가	100,000	200,000
장기차입금	1,500,000	3	2	장기차입금의상환	- 180,000	1,320,000
퇴직급여충당부채	500,000	1	2	퇴직급여	120,000	400,000
		1	4	퇴직금의지급	- 220,000	
자본금	2,000,000	3	1	보통주의발행	200,000	2,200,000

❷ 분석데이터 선택과 보고서 넣을 위치 선택

피벗테이블 만들기 박스에서 분석할 데이터를 선택하고 피벗테이
블 보고서를 넣을 위치를 선택한다.

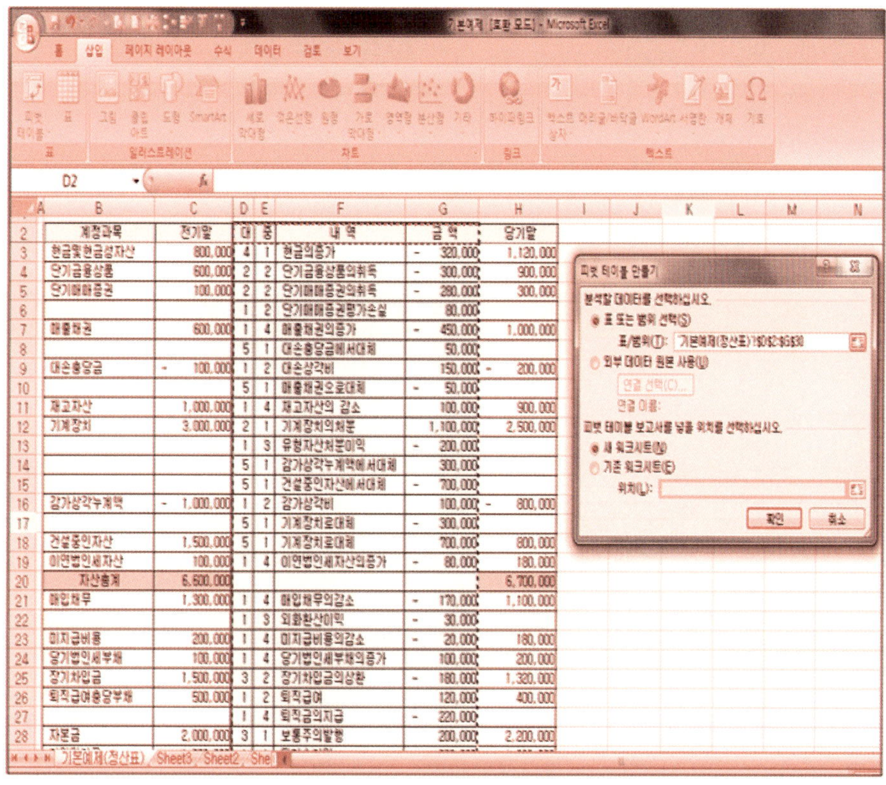

1. 분석할 데이터 선택 : 표 또는 범위선택(S)을 클릭하고 표/범
   위(T)를 입력하거나 지정한다. 본 예제의 경우 작성된 정산표
   의 대, 중, 내역, 금액, 란(D2:G30)을 선택한다.
2. 피벗테이블 보고서를 넣을 위치를 선택 : 처음 작성하는 경우

에는 새 워크시트(N)을 선택하고 기존의 피벗테이블 보고서가
있는 경우 기존 워크시트(E) 위치를 지정한다.

3. 분석할 데이터를 선택하고 피벗테이블 보고서 넣을 위치를 선
택한 후 확인을 클릭하여 다음 단계로 넘어간다.

❸ 추가필드 선택과 테이블 값 배열

피벗테이블 필드 목록 박스에서 보고서에 추가할 필드를 선택하
고, 각 테이블 값을 배열한다.

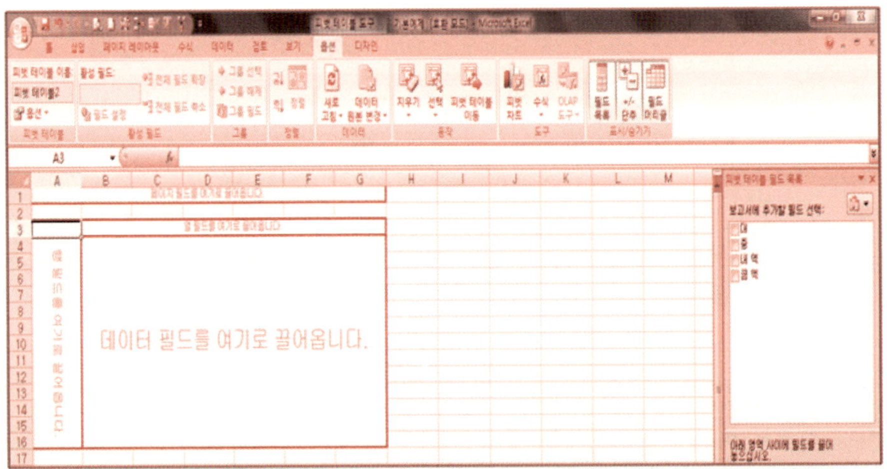

1. 보고서에 추가할 필드 : 대, 중, 내역, 금액을 클릭한다.

2. 행 레이블에 대, 중, 내역을 배열한다.

3. Σ 값에 금액을 배열한다. 이때 금액을 배열하면 '개수:금액'
으로 나타나게 되는데 이를 클릭하여 값 필드 설정을 '합계:금
액'으로 변경하여야 한다. 또한, 표시 형식을 클릭하여 회계로

변경하면 요약 란의 금액을 보기에 좋다.

4. 보고서에 추가할 필드를 선택하고 행 레이블 및 Σ 값 설정이
   끝나면 확인을 클릭하여 피벗테이블에 의한 현금흐름표 작성
   을 완료한다.

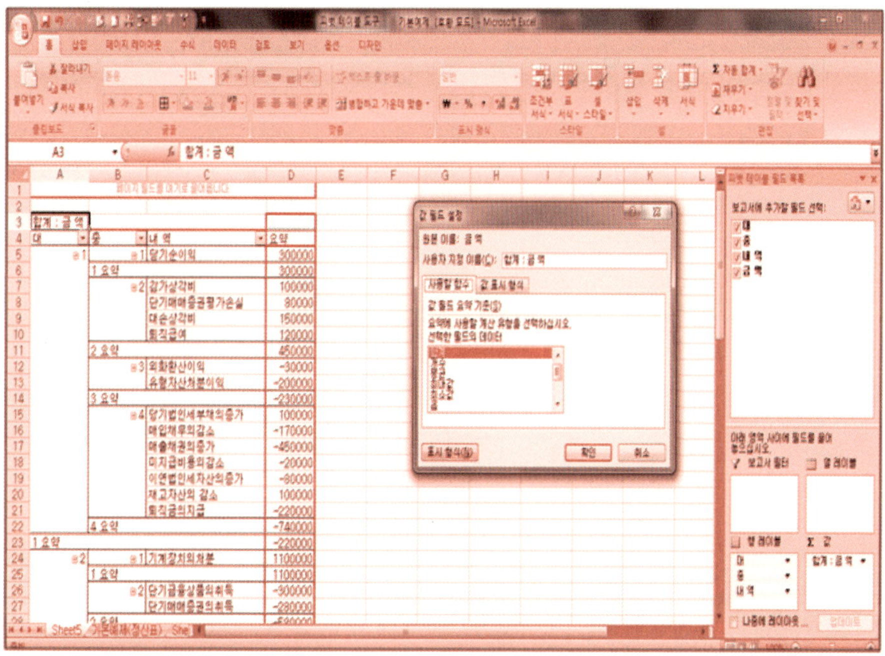

4 확인과 검증

피벗테이블에 의하여 작성된 현금흐름표가 정확하게 작성되었는
지 다음 항목을 확인하여 검증한다.

대	중	내 역	요약		손익계산서	제조원가	합계	차이금액
	1	1 당기순이익	300,000		300,000		300,000	-
		1 요약	300,000					
		2 감가상각비	100,000	검증1	100,000		100,000	-
		단기매매증권평가손실	80,000		80,000		80,000	-
		대손상각비	150,000		150,000		150,000	-
		퇴직급여	120,000		120,000		120,000	-
		2 요약	450,000					
		3 외화환산이익	- 30,000	검증2	30,000		30,000	-
		유형자산처분이익	- 200,000		200,000		200,000	-
		3 요약	- 230,000					
		4 당기법인세부채의증가	100,000					
		매입채무의감소	- 170,000					
		매출채권의증가	- 450,000					
		미지급비용의감소	- 20,000					
		이연법인세자산의증가	- 80,000					
		재고자산의 감소	100,000					
		퇴직금의지급	- 220,000					
		4 요약	- 740,000					
1 요약			- 220,000					
	2	1 기계장치의처분	1,100,000	검증3				
		1 요약	1,100,000					
		2 단기금융상품의취득	- 300,000	검증4				
		단기매매증권의취득	- 280,000					
		2 요약	- 580,000					
2 요약			520,000					
	3	1 보통주의발행	200,000	검증3				
		1 요약	200,000					
		2 장기차입금의상환	- 180,000	검증4				
		2 요약	- 180,000					

1. 검증1 : 1-2(대분류1, 중분류2)의 내역이 모두 비용이고 금액은
   (+)인가?

2. 검증2 : 1-3(대분류1, 중분류3)의 내역이 모두 수익이고 금액은
   (-)인가?

3. 검증3 : 2-1(대분류2, 중분류1)과 3-1(대분류3, 중분류1)의 금액
   이 모두 (+)인가?

4. 검증4 : 2-2(대분류2, 중분류2)와 3-2(대분류3, 중분류2)의 금액
   이 모두 (-)인가?

5. 검증5 : 대분류5의 합계, 공란의 합계, 총합계가 0 인가?

위와는 별도로 1-1, 1-2, 1-3의 손익항목에 대하여는 빈칸에 손익
계산서와 제조원가명세서의 금액을 대조하여 작성하는 것도 실무상
많이 사용하고 있는 검증 방법이다.

⑤ 수정방법

작성된 현금흐름표에 오류가 있는 경우 수정하는 방법은 다음과 같다.

1. 먼저 정산표에서 오류가 있는 항목을 수정한다.
2. 피벗테이블에 의하여 작성된 현금흐름표 위에 커서를 놓고 데이터를 선택한 후(또는 마우스의 오른쪽 버튼을 클릭) 새로고침(R)을 클릭하면 자동으로 수정된다.

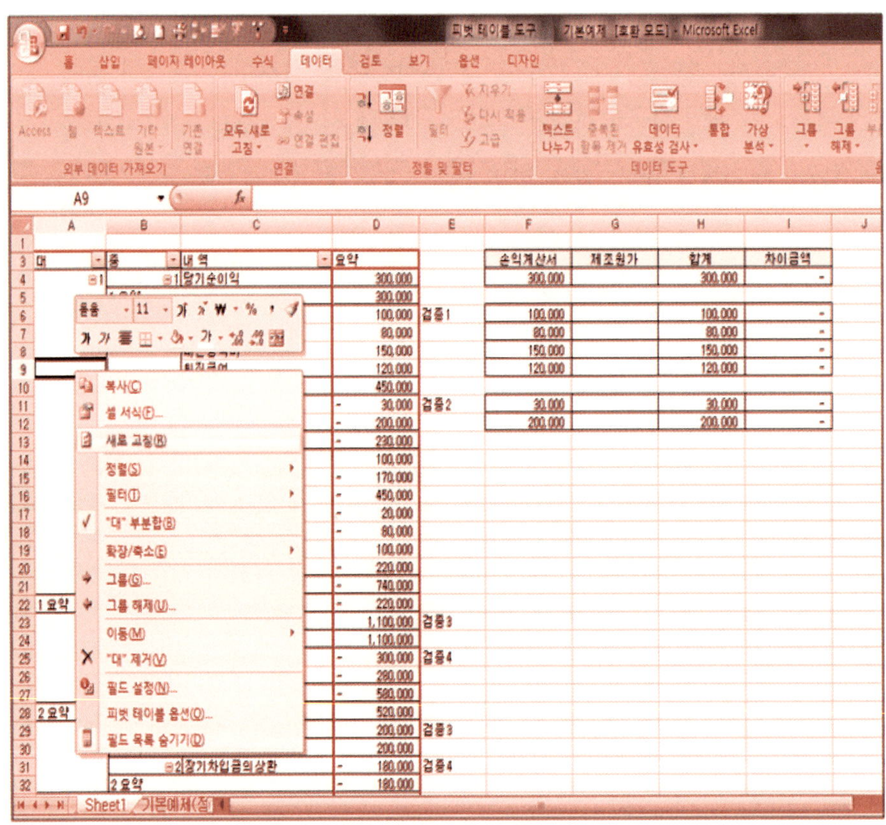

✺ 현금흐름표 작성

피벗테이블에 의한 현금흐름표

(단위 : 원)

대	중	내 역	금 액	비고
1	1	당기순이익	300,000	
		1 합계	300,000	
	2	감가상각비	100,000	검증: 금액이 모두 +임
		단기매매증권평가손실	80,000	
		대손상각비	150,000	
		퇴직급여	120,000	
		2 합계	450,000	
	3	외화환산이익	-30,000	검증: 금액이 모두 -임
		유형자산처분이익	-200,000	
		3 합계	-230,000	
	4	매입채무의 감소	-170,000	
		매출채권의 증가	-450,000	
		당기법인세부채의 증가	100,000	
		미지급비용의 감소	-20,000	
		재고자산의 감소	100,000	
		퇴직금의 지급	-220,000	
		이연법인세자산의 증가	-80,000	
		4 합계	-740,000	
		1 합계	-220,000	

대	중	내 역	금 액	비고
2	1	기계장치의 처분	1,100,000	검증: 금액이 모두 +임
		1 합계	1,100,000	
	2	단기금융상품의 취득	-300,000	검증: 금액이 모두 -임
		단기매매증권의 취득	-280,000	
		2 합계	-580,000	
		2 합계	520,000	
3	1	보통주의 발행	200,000	검증: 금액이 모두 +임
		1 합계	200,000	
	2	장기차입금의 상환	-180,000	검증: 금액이 모두 -임
		2 합계	-180,000	
		3 합계	20,000	
4	1	현금의 증가	-320,000	
		1 합계	-320,000	
		4 합계	-320,000	
5	1	감가상각누계액에서 대체	300,000	
		건설중인자산에서 대체	-700,000	
		기계장치로 대체	400,000	
		대손충당금에서 대체	50,000	
		매출채권으로 대체	-50,000	
		1 합계	-	
		5 합계	-	검증: 금액합계가 0임
		총합계	-	검증: 금액합계가 0임

4. 전자공시용 현금흐름표 작성시 유의사항

:: 전자공시용 현금흐름표

피벗테이블에 의한 현금흐름표를 작성한 후에는 일반기업회계기준의 양식(2장 참조)에 따라 전자공시용 현금흐름표를 작성하여야 한다.

우리나라에서는 1999년부터 주식회사의 외부감사에 관한 법률 규정에 의하여 외부 감사를 받는 주식회사의 감사보고서와 증권거래소 및 코스닥시장에 등록된 회사의 사업보고서와 분기보고서 등 공시서류를 전자공시 시스템에 의하여 공시하도록 규정하고 있다.

전자공시 시스템(DART: Data Analysis Retrieval and Transfer System)이란 회사가 공시서류를 인터넷으로 제출하고, 투자자 등 회계정보 이용자들이 제출 즉시 인터넷을 통해 조회할 수 있도록 하는 종합적인 기업공시 시스템이다.

:: 전자공시용 프로그램

전자공시 시스템을 활용하기 위해서는 먼저 전자공시 시스템 관련 프로그램(전자문서 편집기와 전자문서 전송기 등)을 금융감독원 전자공시 시스템 접수수리 홈페이지(http://filer.fss.or.kr)의 자료실에서 다운받아 설치하여야 한다.

전자공시용 현금흐름표(간접법)를 규정된 양식에 따라 작성하지 않고 공시하는 경우 오류가 발생하므로 다음 사항을 유의하여야 한다.

🔴 대분류 및 중분류 항목의 신설이나 삭제 금지

대분류 항목(영업활동으로 인한 현금흐름, 투자활동으로 인한 현금흐름, 재무활동으로 인한 현금흐름, 현금의 증가(감소), 기초의 현금, 기말의 현금)과 중분류 항목의 신설이나 삭제를 하면 오류가 발생한다.

중분류 항목 중 영업활동으로 인한 자산·부채의 변동 항목은 자산과 부채 사이에 '.'을 표시하는 경우 오류가 발생한다.

그러나 중분류 항목 하위의 세분류 항목은 회사에 따라 신설이나 삭제할 수 있으며, 과목란의 띄어쓰기는 어느 항목에도 영향을 미치지 않는다.

🔴 부의 금액의 표시

부의 금액인 경우 '-1,000'으로 표시하거나 '(-)1,000'으로 표시하면 오류가 발생되므로 반드시 '(1,000)'으로 표시하여야 한다.

🔴 금액란의 위치

대분류 항목의 금액은 금액란의 오른쪽 열에 기재하여야 하며, 중분류 항목과 세분류 항목은 금액란의 왼쪽 열에 기재하여야 한다.

금액란의 부호

대분류 항목은 현금흐름의 부호에 따라 기재하면 된다. 중분류 항목 중 현금흐름이 항상 (-)금액인 현금의 유입이 없는 수익 등의 차감, 투자활동으로 인한 현금 유출액, 재무활동으로 인한 현금 유출액 항목은 항상 (-)로 표시하여야 한다.

그러나 이러한 중분류 항목의 하위 항목인 세분류 항목에는 (-)금액임에도 불구하고 금액 앞에 (-)를 표시하지 않아도 오류가 발생하지 않으며 (-)를 표시하여도 오류가 발생하지 않으므로 선택하여 표시할 수 있다.

한편, 현금흐름의 부호가 (+)와 (-) 모두 나타날 수 있는 영업활동으로 인한 자산·부채의 변동 항목은 중분류 항목뿐만 아니라 하위 항목인 세분류 항목에도 현금흐름의 부호를 표시하여야 한다.

전자공시용 현금흐름표의 유의사항을 예시하면 다음과 같다.

전자공시용 현금흐름표의 유의사항

과 목	항목 구분	제x기 (당기) 금 액		유의사항
Ⅰ. 영업활동으로 인한 현금흐름	대		300	신설/삭제불가, 위치
1. 당기순이익	중	100		신설/삭제불가
2. 현금의유출이없는비용등의가산	중	250		신설/삭제불가
퇴직급여	세	150		
대손상각비	세	100		
3. 현금의유출이없는수익등의차감	중	(150)		신설/삭제불가, 부호
외화환산이익	세	80		(80) 기재 가능
유형자산처분이익	세	70		(70) 기재 가능
4. 영업활동으로인한자산부채의변동	중	100		신설/삭제불가, 부호, 점
매출채권의증가	세	(20)		부호
매입채무의증가	세	120		부호
Ⅱ. 투자활동으로 인한 현금흐름	대		(-)300	신설/삭제불가, 위치
1. 투자활동으로인한현금유입액	중	150		신설/삭제불가
장기금융상품의처분	세	50		
토지의처분	세	100		
2. 투자활동으로인한현금유출액	중	(450)		신설/삭제불가, 부호
장기금융상품의취득	세	250		(250) 기재 가능
토지의취득	세	200		(200) 기재 가능
Ⅲ. 재무활동으로 인한 현금흐름	대		400	신설/삭제불가, 위치
1. 재무활동으로인한현금유입액	중	500		신설/삭제불가
단기차입금의증가	세	200		
보통주의발행	세	300		
2. 재무활동으로인한현금유출액	중	(100)		신설/삭제불가, 부호
장기차입금의상환	세	100		(100) 기재 가능
Ⅳ. 현금의 증가	대		400	신설/삭제불가, 위치
Ⅴ. 기초의 현금	대		100	신설/삭제불가, 위치
Ⅵ. 기말의 현금	대		500	신설/삭제불가, 위치

제7장
현금흐름표의 분석

이 장에서는 작성된 현금흐름표를 이용하여 분석하는 방법에 대하여 설명한다. 현금흐름표 분석은 회계정보 이용자에 따라 다양한 정보를 제공할 수 있다.

현금흐름표 분석을 통하여 회사의 경영자는 설비투자나 신규사업 진출 같은 투자의사결정뿐만 아니라 신규 차입이나 상환, 유상증자와 같은 재무적인 의사결정에 도움이 되는 정보를 제공 받을 수 있다.

또한, 정부는 투자환경이나 이자율 조정 같은 경제 정책을 계획하는데 유용한 정보를 제공 받을 수 있으며, 금융기관은 기업의 신용평가 근거자료로 활용하여 추가적인 대출이나 회수 같은 의사결정에 유용한 정보를 제공 받을 수 있다.

현금흐름표와 관련된 재무비율을 분석할 때는 최근 3~5년 동안의 현금흐름표를 대상으로 하거나 동종 업종의 다른 회사와 비교함으로써 그 유용성을 높일 수 있으며, 재무상태표나 손익계산서와 관련된 재무비율과 상호 보완적인 입장에서 활용하여야 한다.

2. 현금흐름 재무비율 분석

현금흐름과 관련된 유용한 재무비율 분석은 정보이용자에 따라 달라질 수 있으나, 대표적인 재무비율 분석으로는 다음과 같은 것이 있다.

① 당기순이익 / 영업현금흐름 비율

② 영업현금흐름 / 투자현금흐름 비율

③ 영업현금흐름 / 순금융비용 비율

④ 영업현금흐름 / 유동성차입금 비율

⑤ 영업현금흐름 / 총차입금액 비율

⑥ 영업현금흐름 / 총부채금액 비율

⑦ 영업현금흐름 / 현금배당금 비율

⑧ 영업현금흐름 / 주식수

⑨ 주가 / 주당영업현금흐름 비율

3. 현금흐름표 분석사례

다음은 2011년부터 2013년까지 최근 3년간 우주전자(가칭)와 지구테크(가칭)의 요약 재무정보를 이용하여 현금흐름표와 관련된 재무비율을 산정하고 각각의 재무비율이 의미하는 바에 대하여 살펴보기로 한다.

현금흐름표와 관련된 재무비율의 유용성은 앞서 언급한 바와 같이 정보이용자에 따라 달라질 수 있으며, 재무비율이 시사하는 의미도 경제환경이나 산업의 특성, 회사의 업종이나 경영자의 특성 등에 따라 각각 달리 해석할 수 있음에 유의하여야 한다.

다음은 우주전자와 지구테크의 최근 3개년도의 요약 재무정보이다.

재무정보의 비교

(단위:천원)

구분	우주전자			지구테크		
	2012년	2013년	2014년	2012년	2013년	2014년
영업활동현금흐름	445,615	578,542	864,121	- 155,471	204,214	365,413
투자활동현금흐름	- 212,450	- 302,514	- 456,126	- 105,413	- 216,413	- 206,015
재무활동현금흐름	- 215,430	- 202,415	105,643	104,315	105,430	- 100,341
현금의증가(감소)	17,735	73,613	513,638	- 156,569	93,231	59,057
당 기 순 이 익	375,121	465,840	650,134	- 126,540	295,060	412,540
순 금 융 비 용	105,413	96,546	121,513	104,523	158,654	122,546
유 동 성 차 입 금	405,124	532,541	735,246	1,125,416	1,985,461	1,046,513
총 차 입 금 액	2,108,261	1,931,240	2,435,267	1,743,521	2,645,741	2,043,017
총 부 채 금 액	3,254,612	3,125,413	3,312,546	2,645,470	3,425,413	3,012,341
현 금 배 당 액	30,154	39,513	58,135	-	10,654	20,125
발 행 주 식 수 ㈜	120,000	120,000	150,000	100,000	100,000	120,000
결 산 일 종 가 (원)	45,000	50,000	55,000	12,000	18,000	26,000

① 당기순이익 / 영업활동현금흐름 비율

이 비율은 당기순이익을 영업활동으로 인한 현금흐름으로 나누어 산정하며, 이익의 질에 대한 평가지표로 이용할 수 있다.

이 비율이 높을수록 이익의 질이 높다고 할 수 있으며, 흑자 도산하는 회사에 대한 이유를 말해준다. 한편, 이 비율은 분식회계를 적발하는 데에도 유용하게 사용될 수 있다.

당기순이익을 실현함에도 불구하고 영업활동으로 인한 현금흐름이 거액의 (-)로 나타나는 경우 대부분 매출채권의 증가나 재고자산의 증가가 그 원인인 경우가 많다. 이는 반대로 생각해보면 가공 매출이나 가공의 재고자산이 존재할 수 있다는 근거가 된다.

우주전자와 지구테크의 당기순이익/영업활동현금흐름 비율은 다음과 같다.

(단위:천원)

구분	우주전자			지구테크		
	2012년	2013년	2014년	2012년	2013년	2014년
영업활동현금흐름 (A)	445,615	578,542	864,121	- 155,471	204,214	365,413
당 기 순 이 익 (B)	375,121	465,840	650,134	- 126,540	295,060	412,540
관 련 비 율 (A/B)	118.8%	124.2%	132.9%	NA	69.2%	88.6%

우주전자의 경우 최근 3개년 모두 영업활동현금흐름/당기순이익 비율이 100% 이상이므로 이익의 질이 매우 높음을 알 수 있다.

반면, 지구테크의 경우 2012년은 당기순이익과 영업활동 현금흐름이 모두 부(-)의 금액이므로 이익의 질을 평가할 수 없으며 2013년과 2014년은 당기순이익과 영업활동 현금흐름이 양의 금액이나 관련 비율이 100% 이하이므로 이익의 질은 보통 수준이라 평가할 수 있다.

② 영업활동현금흐름 / 투자활동현금흐름 비율

이 비율은 영업활동으로 인한 현금흐름을 투자활동으로 인한 순현금 지출액으로 나누어 산정하며, 투자의 안정성에 대한 평가지표로 이용할 수 있다.

영업활동으로 인한 현금흐름을 유형자산에 대한 순투자액으로 나눈 비율을 통해 유형자산 투자에 대한 안정성을 평가할 수도 있으며, 이 비율이 높을수록 투자의 안정성은 높다고 할 수 있다.

우주전자와 지구테크의 영업현금흐름/투자현금흐름 비율은 다음과 같다.

(단위:천원)

구분	우주전자			지구테크		
	2012년	2013년	2014년	2012년	2013년	2014년
영업활동현금흐름 (A)	445,615	578,542	864,121	- 155,471	204,214	365,413
투자활동현금흐름 (B)	- 212,450	- 302,514	- 456,126	- 105,413	- 216,413	- 206,015
관 련 비 율 (A/B)	209.8%	191.2%	189.4%	NA	94.4%	177.4%

우주전자의 경우 최근 3개년 모두 영업활동현금흐름/(-)투자활동 현금흐름 비율이 100% 이상이므로 투자의 안정성이 매우 높음을 알 수 있으며, 지구테크의 경우 2012년은 영업활동 현금흐름이 부(-)의 금액이므로 영업활동으로부터 조달된 현금으로 투자활동을 할 수 없으나 2013년과 2014년의 경우 영업활동 현금흐름이 개선되어 투자 안정성이 양호하다고 평가된다.

③ 영업현금흐름 / 순금융비용 비율

이 비율은 영업활동으로 인한 현금흐름을 이자비용에서 이자수익을 차감한 순금융비용으로 나누어 산정하며, 이자비용의 지급 능력에 대한 평가지표로 이용할 수 있다.

금융기관 차입금이 정상적으로 만기가 연장된다는 가정하에서 영업활동을 통해 금융비용을 얼마나 충당할 수 있는지를 나타낸다.

우주전자와 지구테크의 영업활동현금흐름/순금융비용 비율은 다음과 같다.

(단위:천원)

구분	우주전자			지구테크		
	2012년	2013년	2014년	2012년	2013년	2014년
영업활동현금흐름 (A)	445,615	578,542	864,121	- 155,471	204,214	365,413
순 금 융 비 용 (B)	105,413	96,546	121,513	104,523	158,654	122,546
관 련 비 율 (A/B)	422.7%	599.2%	711.1%	-148.7%	128.7%	298.2%

우주전자의 경우 최근 3개년 모두 영업활동 현금흐름/순금융비용 비율이 400% 이상이므로 순금융 비용의 지급능력이 매우 높음을 알 수 있다.

지구테크의 경우 2012년은 영업활동 현금흐름이 부(-)의 금액이므로 영업활동으로부터 조달된 현금으로 순금융비용을 지급할 능력이 없으나 2013년과 2014년의 경우 영업활동 현금흐름이 개선되어 순금융비용 지급 능력이 양호함을 알 수 있다.

❹ 영업활동현금흐름 / 유동성차입금 비율

이 비율은 영업활동으로 인한 현금흐름을 유동성 차입금으로 나누어 산정하며, 회사의 단기상환 능력에 대한 평가지표로 이용할 수 있다.

일반적으로 유동성 차입금은 단기차입금과 유동성 장기부채의 합계액을 의미한다. 이 비율이 높을수록 회사의 유동성은 더 양호하며, 단기상환 능력은 좋다고 할 수 있다.

우주전자와 지구테크의 영업활동현금흐름/유동성차입금 비율은 다음과 같다.

(단위:천원)

구분	우주전자			지구테크		
	2012년	2013년	2014년	2012년	2013년	2014년
영업활동현금흐름 (A)	445,615	578,542	864,121	- 155,471	204,214	365,413
유 동 성 차 입 금 (B)	405,124	532,541	735,246	1,125,416	1,985,461	1,046,513
관 련 비 율 (A/B)	110.0%	108.6%	117.5%	-13.8%	10.3%	34.9%

　우주전자의 경우 최근 3개년 모두 영업활동현금흐름/유동성차입금 비율이 100% 이상이므로 유동성 차입금의 만기연장 없이도 영업활동에서 조달된 현금흐름으로 유동성 차입금을 충분히 상환할 수 있음을 알 수 있다.

　그러나 지구테크의 경우 2012년은 영업활동 현금흐름이 부(-)의 금액이므로 영업활동에서 조달된 현금으로 유동성 차입금을 상환할 수 없으며, 2013년과 2014년도 유동성 차입금 중 일부가 만기연장되거나 투자활동이나 재무활동에서 조달된 현금으로 상환되어야 함을 알 수 있다.

5 영업활동현금흐름 / 총차입금액 비율

이 비율은 영업활동으로 인한 현금흐름을 총차입금액으로 나누어 산정하며, 금융기관차입금의 상환 능력에 대한 평가지표로 이용할 수 있다.

총차입금액은 유동성 차입금과 장기차입금이나 사채 같은 고정부채의 합계액을 의미한다. 이 비율이 높을수록 금융기관차입금에 대한 상환 능력은 더 좋다고 할 수 있다.

우주전자와 지구테크의 영업활동현금흐름/총차입금액 비율은 다음과 같다.

(단위:천원)

구분	우주전자			지구테크		
	2012년	2013년	2014년	2012년	2013년	2014년
영업활동현금흐름 (A)	445,615	578,542	864,121	- 155,471	204,214	365,413
총 차 입 금 액 (B)	2,108,261	1,931,240	2,435,267	1,743,521	2,645,741	2,043,017
관 련 비 율 (A/B)	21.1%	30.0%	35.5%	-8.9%	7.7%	17.9%

우주전자의 경우 최근 3개년 모두 영업활동현금흐름/총차입금 비율이 20% 이상으로 차입금 상환 능력이 양호함을 알 수 있으며, 지구테크의 경우 영업활동현금흐름/총차입금 비율이 낮다는 것은 차입금상환 능력이 그만큼 낮다는 것을 의미한다.

⑥ 영업활동현금흐름 / 총부채금액 비율

이 비율은 영업활동으로 인한 현금흐름을 총부채금액으로 나누어 산정하며, 회사의 장기상환 능력에 대한 평가지표로 이용할 수 있다.

이 비율이 높을수록 총부채를 유지할 수 있는 회사의 능력이 더 좋다고 할 수 있다.

우주전자와 지구테크의 영업활동현금흐름/총부채금액 비율은 다음과 같다.

(단위:천원)

구분	우주전자			지구테크		
	2012년	2013년	2014년	2012년	2013년	2014년
영업활동현금흐름 (A)	445,615	578,542	864,121	- 155,471	204,214	365,413
총 부 채 금 액 (B)	3,254,612	3,125,413	3,312,546	2,645,470	3,425,413	3,012,341
관 련 비 율 (A/B)	13.7%	18.5%	26.1%	-5.9%	6.0%	12.1%

우주전자와 지구테크 모두 최근 영업활동 현금흐름이 개선되어 총부채 상환능력이 개선되고 있음을 알 수 있으며, 우주전자가 지구테크에 비해 총부채 상환능력이 높다고 평가할 수 있다.

7 영업활동현금흐름 / 현금배당금 비율

이 비율은 영업활동으로 인한 현금흐름을 현금배당금으로 나누어 산정하며, 영업활동으로 인한 현금흐름으로 배당금을 지급할 능력이 있는지에 대한 평가지표로 이용할 수 있다.

이 비율이 높을수록 회사의 배당금 지급능력이 양호하다고 할 수 있다.

우주전자와 지구테크의 영업활동현금흐름/현금배당금 비율은 다음과 같다.

(단위:천원)

구분	우주전자			지구테크		
	2012년	2013년	2014년	2012년	2013년	2014년
영업활동현금흐름 (A)	445,615	578,542	864,121	- 155,471	204,214	365,413
현 금 배 당 액 (B)	30,154	39,513	58,135	-	10,654	20,125
관 련 비 율 (A/B)	1,477.8%	1,464.2%	1,486.4%	NA	1,916.8%	1,815.7%

우주전자의 경우 최근 3개년 모두 영업활동현금흐름/현금배당금 비율이 100% 이상이므로 영업활동에서 조달한 현금으로 배당금을 충분히 지급할 수 있다는 것을 알 수 있다.

한편, 지구테크의 경우 2012년은 배당금을 지급하지 않아 관련 비율을 산정하지 않았으며, 2013년과 2014년은 배당금 지급 능력이 양호함에도 불구하고 배당금이 과소하다는 것을 알 수 있다.

⑧ 영업활동현금흐름 / 발행주식수 비율

이 비율은 영업활동으로 인한 현금흐름을 발행한 주식의 총수로 나누어 산정하며, 발행주식 1주당 영업활동 현금흐름을 나타낸다.

한편, 영업활동으로 인한 현금흐름에서 우선주배당금을 차감한 금액을 유통 보통주식 수로 나누는 경우 회사의 보통주에 대한 배당금 지급능력에 대한 평가자료로 이용될 수 있다.

우주전자와 지구테크의 발행주식 1주당 영업활동 현금흐름은 다음과 같다.

(단위:천원, 주)

구분	우주전자			지구테크		
	2012년	2013년	2014년	2012년	2013년	2014년
영업활동현금흐름 (A)	445,615	578,542	864,121	- 155,471	204,214	365,413
발 행 주 식 수 (주) (B)	120,000	120,000	150,000	100,000	100,000	120,000
관 련 비 율 (A/B)	3,713	4,821	5,761	-1,555	2,042	3,045

⑨ 주가 / 주당영업현금흐름 비율

　이 비율은 1주당 주가를 발행주식 1주당 영업활동으로 인한 현금
흐름으로 나누어 산정하며, 주가와 영업활동으로 인한 현금흐름과의
비율을 알 수 있다.

　주가의 적정성 여부를 평가하는 데 있어 주가/이익 비율(PER)이
미래의 이익창출능력에 대한 평가기준임에 비하여 주가/주당영업 현
금흐름 비율은 미래의 영업활동 현금흐름 창출능력에 대한 평가 기
준으로 이용될 수 있다.

　우주전자와 지구테크의 주가/주당영업현금흐름 비율은 다음과 같
다.

(단위:천원)

구분	우주전자			지구테크		
	2012년	2013년	2014년	2012년	2013년	2014년
결산일종가(원) (A/B)	45,000	50,000	55,000	12,000	18,000	26,000
주당영업현금흐름 (A/B)	3,713	4,821	5,761	-1,555	2,042	3,045
관련비율 (A/B)	1,211.8%	1,037.1%	954.7%	-771.8%	881.4%	853.8%

제8장
현금흐름표의 작성연습

다음의 자료를 이용하여 정산표(영업활동으로 인한 자산·부채의 변동과 관련된 부분)와 간접법에 의한 영업활동으로 인한 현금흐름을 계산해 보자

:: 예제

자료1 전기말과 당기말 현재의 재무상태표

(단위 : 원)

과　목	전 기 말	당 기 말	증 감 액
선　급　비　용	210,000	250,000	40,000
미　수　수　익	290,000	320,000	30,000
매　출　채　권	5,740,000	5,650,000	(90,000)
대　손　충　당　금	(250,000)	(450,000)	200,000
재　고　자　산	7,650,000	7,270,000	(380,000)
미　지　급　비　용	480,000	430,000	(50,000)
당 기 법 인 세 부 채	180,000	200,000	20,000
이 연 법 인 세 부 채	60,000	110,000	50,000
퇴 직 급 여 충 당 부 채	1,200,000	1,500,000	300,000

 당기의 손익계산서

(단위 : 원)

과 목	당	기
판 매 비 와 관 리 비		7,570,000
급 여	5,300,000	
보 험 료	370,000	
대 손 상 각 비	200,000	
감 가 상 각 비	1,200,000	
퇴 직 급 여	500,000	
영 업 외 수 익		390,000
이 자 수 익	250,000	
외 화 환 산 이 익	140,000	
영 업 외 비 용		60,000
유 형 자 산 처 분 손 실	60,000	
법 인 세 비 용		200,000
당 기 순 이 익		1,400,000

 추가자료

① 당기 중 퇴직금의 지급액은 200,000원이다.

② 당기 중 법인세 납부액은 130,000원이다.

③ 외화환산이익은 전액 매출채권에서 발생된 것이다.

정산표 작성

〈정 산 표〉

(단위 : 원)

과 목	전기말	대	중	내 역	금 액	당기말
선 급 비 용	210,000	1	4	선급비용의 증가	(40,000)	250,000
미 수 수 익	290,000	1	4	미수수익의 증가	(30,000)	320,000
매 출 채 권	5,740,000	1	4	매출채권의 감소	230,000	5,650,000
		1	3	외 화 환 산 이 익	(140,000)	
대 손 충 당 금	(250,000)	1	2	대 손 상 각 비	200,000	(450,000)
재 고 자 산	7,650,000	1	4	재고자산의 감소	380,000	7,270,000
미 지 급 비 용	480,000	1	4	미지급비용의 감소	(50,000)	430,000
당기법인세부채	180,000	1	4	당기법인세부채의증가	20,000	200,000
이연법인세부채	60,000	1	4	이연법인세부채의증가	50,000	110,000
퇴직급여충당부채	1,200,000	1	2	퇴 직 급 여	500,000	1,500,000
		1	4	퇴 직 금 의 지 급	(200,000)	

⠖ 현금흐름 작성

<영업활동의 현금흐름>

(단위 : 원)

과　　목	당	기
Ⅰ. 영업활동으로 인한 현금흐름		3,580,000
1. 당기순이익	1,400,000	
2. 현금의 유출이 없는 비용 등의 가산	1,960,000	
대손상각비	200,000	
감가상각비	1,200,000	
퇴직급여	500,000	
유형자산처분손실	60,000	
3. 현금의 유입이 없는 수익 등의 차감	(140,000)	
외화환산이익	140,000	
4. 영업활동으로 인한 자산·부채의 변동	360,000	
선급비용의 증가	(40,000)	
미수수익의 증가	(30,000)	
매출채권의 감소	230,000	
재고자산의 감소	380,000	
미지급비용의 감소	(50,000)	
당기법인세부채의 증가	20,000	
이연법인세부채의 증가	50,000	
퇴직금의 지급	(200,000)	

다음의 자료를 이용하여 정산표를 작성하고, 투자활동으로 인한 현금흐름과 재무활동으로 인한 현금흐름을 작성해 보자.

:: 예제

자료1 전기말과 당기말 현재의 재무상태표

(단위 : 원)

과 목	전 기 말	증 가	감 소	당 기 말
미 수 금	2,630,000	180,000	430,000	2,380,000
장 기 금 융 상 품	340,000	290,000	170,000	460,000
토 지	8,300,000	-	2,000,000	6,300,000
건 물	7,270,000	380,000	-	7,650,000
감 가 상 각 누 계 액	(250,000)	(500,000)	-	(750,000)
건 설 중 인 자 산	1,280,000	200,000	380,000	1,100,000
영 업 권	520,000	-	260,000	260,000
단 기 차 입 금	2,370,000	4,360,000	3,150,000	3,580,000
미 지 급 금	290,000	-	40,000	250,000
사 채	3,900,000	-	900,000	3,000,000
자 본 금	8,000,000	1,000,000	-	9,000,000
주 식 발 행 초 과 금	2,000,000	1,000,000	-	3,000,000
자 기 주 식	(400,000)	-	(300,000)	(100,000)

(단위 : 원)

과 목	당 기	
(판 매 비 와 관 리 비)		6,210,000
급 여	4,620,000	
감 가 상 각 비	500,000	
무 형 자 산 상 각 비	260,000	
기 타 의 관 리 비	830,000	
(영 업 외 수 익)		530,000
이 자 수 익	230,000	
유 형 자 산 처 분 이 익	300,000	
(영 업 외 비 용)		180,000
외 화 환 산 손 실	60,000	
사 채 상 환 손 실	120,000	

자료3   추가자료

① 유형자산처분이익은 전액 토지의 처분시 발생된 것이다.

② 외화환산손실은 전액 외화단기차입금에서 발생된 것이다.

③ 건설중인자산에서 건물로 대체된 금액은 380,000원이다.

④ 당기 중 신규로 차입한 단기차입금은 4,300,000원이다.

⑤ 당기 중 보통주 100주를 20,000원(액면가액 10,000원)에 발행
  하였다.

⑥ 당기 중 자기주식 20주중 15주를 취득가액으로 처분하였다.

〈투자활동과 재무활동 정산표〉

(단위 : 원)

과 목	전기말	대	중	내 역	금 액	당기말
미 수 금	2,630,000	2	1	미수금의 감소	430,000	2,380,000
		2	2	미수금의 증가	(180,000)	
장 기 금 융 상 품	340,000	2	1	장기금융상품의 처분	170,000	460,000
		2	2	장기금융상품의 취득	(290,000)	
토 지	8,300,000	2	1	토지의 처분	2,300,000	6,300,000
		1	3	유형자산처분이익	(300,000)	
건 물	7,270,000	5	1	건설중인자산에서대체	(380,000)	7,650,000
감가상각누계액	(250,000)	1	2	감가상각비	500,000	(750,000)
건 설 중 인 자 산	1,280,000	5	1	건물로대체	380,000	1,100,000
		2	2	건설중인자산의 증가	(200,000)	
영 업 권	520,000	1	2	무형자산상각비	260,000	260,000
단 기 차 입 금	2,370,000	1	2	외화환산손실	60,000	3,580,000
		3	1	단기차입금의 차입	4,300,000	
		3	2	단기차입금의 상환	(3,150,000)	
미 지 급 금	290,000	3	2	미지급금의 감소	(40,000)	250,000
사 채	3,900,000	1	2	사채상환손실	120,000	3,000,000
		3	2	사채의 상환	(1,020,000)	
자 본 금	8,000,000	3	1	보통주의 발행	1,000,000	9,000,000
주식발행초과금	2,000,000	3	1	보통주의 발행	1,000,000	3,000,000
자 기 주 식	(400,000)	3	1	자기주식의 처분	300,000	(100,000)

♣♣ 현금흐름 작성

<투자활동과 재무활동의 현금흐름>

(단위 : 원)

과　　　　목	당	기
Ⅱ. 투자활동으로 인한 현금흐름		2,230,000
1. 투자활동으로 인한 현금유입액	2,900,000	
미수금의 감소	430,000	
장기금융상품의 처분	170,000	
토지의 처분	2,300,000	
2. 투자활동으로 인한 현금유출액	(670,000)	
미수금의 증가	180,000	
장기금융상품의 취득	290,000	
건설중인자산의 증가	200,000	
Ⅲ. 재무활동으로 인한 현금흐름		2,390,000
1. 재무활동으로 인한 현금유입액	6,600,000	
단기차입금의 차입	4,300,000	
보통주의 발행	2,000,000	
자기주식의 처분	300,000	
2. 재무활동으로 인한 현금유출액	(4,210,000)	
단기차입금의 상환	3,150,000	
미지급금의 감소	40,000	
사채의 상환	1,020,000	

다음은 현금흐름표 작성연습을 위한 ㈜예은의 재무상태표, 손익계
산서, 합계잔액시산표, 추가자료 등 예제 자료이다. 예제자료를 이용
하여 정산표와 간접법에 의한 현금흐름표를 작성해 보자.

예제: 재무상태표

자료1 당기말과 전기말 현재의 재무상태표

(단위 : 원)

과　　목	제3기(당기)	제2기(전기)	증 감 액
Ⅰ. 유동자산	8,198,000	7,875,000	323,000
(1) 당좌자산	2,758,000	3,215,000	(457,000)
현금및현금성자산	450,000	200,000	250,000
단 기 매 매 증 권	500,000	450,000	50,000
단 기 금 융 상 품	320,000	430,000	(110,000)
매 출 채 권	1,113,000	1,640,000	(527,000)
대 손 충 당 금	(45,000)	(40,000)	(5,000)
미 수 금	330,000	440,000	(110,000)
선 급 금	90,000	95,000	(5,000)
(2) 재고자산	5,440,000	4,660,000	780,000
제 품	2,620,000	1,800,000	820,000
상 품	1,320,000	1,760,000	(440,000)
원 재 료	1,300,000	950,000	350,000
저 장 품	200,000	150,000	50,000

과 목	제3기(당기)	제2기(전기)	증 감 액
II. 비유동자산	22,465,000	21,285,000	1,180,000
(1) 투자자산	2,770,000	1,735,000	1,035,000
장 기 금 융 상 품	430,000	540,000	(110,000)
지분법적용투자주식	232,000	200,000	32,000
매 도 가 능 증 권	718,000	600,000	118,000
장 기 대 여 금	1,400,000	400,000	1,000,000
대 손 충 당 금	(10,000)	(5,000)	(5,000)
(2) 유형자산	18,520,000	18,230,000	290,000
토 지	8,000,000	8,000,000	-
건 물	7,000,000	6,500,000	500,000
감 가 상 각 누 계 액	(280,000)	(240,000)	(40,000)
기 계 장 치	3,000,000	3,500,000	(500,000)
감 가 상 각 누 계 액	(1,400,000)	(1,350,000)	(50,000)
집 기 비 품	2,000,000	1,500,000	500,000
감 가 상 각 누 계 액	(600,000)	(580,000)	(20,000)
건 설 중 인 자 산	800,000	900,000	(100,000)
(3) 무형자산	625,000	680,000	(55,000)
개 발 비	600,000	650,000	(50,000)
영 업 권	25,000	30,000	(5,000)
(4) 기타비유동자산	550,000	640,000	(90,000)
이 연 법 인 세 자 산	350,000	240,000	110,000
보 증 금	200,000	400,000	(200,000)
자산총계	30,663,000	29,160,000	1,503,000
I. 유동부채	3,930,000	3,205,000	725,000
매 입 채 무	900,000	890,000	10,000
단 기 차 입 금	2,500,000	1,800,000	700,000
미 지 급 금	260,000	250,000	10,000
미 지 급 비 용	130,000	120,000	10,000
당 기 법 인 세 부 채	140,000	145,000	(5,000)

과 목	제3기(당기)	제2기(전기)	증 감 액
Ⅱ. 비유동부채	15,693,000	16,753,000	(1,060,000)
장 기 차 입 금	9,000,000	11,000,000	(2,000,000)
사 채	7,000,000	6,000,000	1,000,000
사 채 할 인 발 행 차 금	(600,000)	(500,000)	(100,000)
퇴 직 급 여 충 당 부 채	350,000	300,000	50,000
국 민 연 금 전 환 금	(2,000)	(3,000)	1,000
퇴 직 보 험 예 치 금	(55,000)	(44,000)	(11,000)
부채총계	19,623,000	19,958,000	(335,000)
Ⅰ. 자본금	8,000,000	7,000,000	1,000,000
보 통 주 자 본 금	8,000,000	7,000,000	1,000,000
Ⅱ. 자본잉여금	1,800,000	1,400,000	400,000
주 식 발 행 초 과 금	1,000,000	600,000	400,000
재 평 가 적 립 금	800,000	800,000	-
Ⅲ. 이익잉여금	1,030,000	722,000	308,000
이 익 준 비 금	242,000	242,000	-
임 의 적 립 금	200,000	200,000	-
미 처 분 이 익 잉 여 금	588,000	280,000	308,000
Ⅳ. 자본조정	(40,000)	(20,000)	(20,000)
자 기 주 식	(40,000)	(20,000)	(20,000)
Ⅴ. 기타포괄손익누계액	250,000	100,00	150,000
매도가능증권평가이익	250,000	100,000	150,000
자기자본 총계	11,040,000	9,202,000	1,838,000
부채와 자본 총계	30,663,000	29,160,000	1,503,000

:: 예제: 손익계산서

자료2 당기의 손익계산서

(단위 : 원)

과 목		제3기(당기)
1. 매출액		32,190,000
2. 매출원가		24,870,000
3. 매출총이익		7,320,000
4. 판매비와관리비		5,544,000
급　　　　　　여	5,300,000	
퇴　직　급　여	40,000	
복　리　후　생　비	65,000	
임　　차　　료	43,000	
여　비　교　통　비	32,000	
수　수　료　비　용	21,000	
대　손　상　각　비	8,000	
감　가　상　각　비	30,000	
교　육　훈　련　비	3,000	
잡　　　　　비	2,000	
5. 영업이익		1,776,000
6. 영업외수익		330,000
이　자　수　익	80,000	
배　당　금　수　익	8,000	
외　환　차　익	25,000	
외　화　환　산　이　익	50,000	
단기매매증권평가이익	10,000	
단기매매증권처분이익	5,000	
지　분　법　이　익	32,000	
채　무　면　제　이　익	120,000	

과 목	제3기 (당기)	
7. 영업외비용		1,578,000
이 자 비 용	1,420,000	
외 환 차 손	90,000	
외 화 환 산 손 실	30,000	
기 타 의 대 손 상 각 비	5,000	
매 도 가 능 증 권 손 상 차 손	10,000	
유 형 자 산 처 분 손 실	9,000	
잡 손 실	14,000	
8. 법인세비용차감전순이익		528,000
9. 법인세비용		220,000
10. 당기순이익		308,000

:: 예제: 합계잔액시산표

자료3 합계잔액시산표

(단위 : 원)

합 계	잔 액	과 목	잔 액	합 계
3,450,000	450,000	현금 및 현금성자산		3,000,000
510,000	500,000	단 기 매 매 증 권		10,000
620,000	320,000	단 기 금 융 상 품		300,000
16,751,000	1,113,000	매 출 채 권		15,638,000
3,000		대 손 충 당 금	45,000	48,000
3,890,000	330,000	미 수 금		3,560,000
841,000	90,000	선 급 금		751,000
9,820,000	2,620,000	제 품		7,200,000
14,080,000	1,320,000	상 품		12,760,000
14,540,000	1,300,000	원 재 료		13,240,000
8,610,000	200,000	저 장 품		8,410,000
8,740,000	430,000	장 기 금 융 상 품		8,310,000
232,000	232,000	지분법적용투자주식		-
750,000	718,000	매 도 가 능 증 권		32,000
1,400,000	1,400,000	장 기 대 여 금		-
-		대 손 충 당 금	10,000	10,000
8,000,000	8,000,000	토 지		-
7,000,000	7,000,000	건 물		-
-		감 가 상 각 누 계 액	280,000	280,000
3,500,000	3,000,000	기 계 장 치		500,000
15,000		감 가 상 각 누 계 액	1,400,000	1,415,000
2,000,000	2,000,000	집 기 비 품		-
-		감 가 상 각 누 계 액	600,000	600,000

합　계	잔　액	과　목	잔　액	합　계
1,050,000	800,000	건 설 중 인 자 산		250,000
650,000	600,000	개　발　비		50,000
30,000	25,000	영　업　권		5,000
7,670,000		매　입　채　무	900,000	8,570,000
590,000	350,000	이 연 법 인 세 자 산		240,000
400,000	200,000	보　증　금		200,000
10,670,000		단 기 차 입 금	2,500,000	13,000,000
420,000		미　지　급　금	260,000	680,000
387,000		미　지　급　비　용	130,000	517,000
145,000		당 기 법 인 세 부 채	140,000	285,000
2,000,000		장 기 차 입 금	9,000,000	11,000,000
-		사　채	7,000,000	7,000,000
620,000	600,000	사채할인발행차금		20,000
20,000		퇴직급여충당부채	350,000	370,000
3,000	2,000	국 민 연 금 전 환 금		1,000
55,000	55,000	퇴 직 보 험 예 치 금		-
-		자　본　금	8,000,000	8,000,000
-		주 식 발 행 초 과 금	1,000,000	1,000,000
-		재 평 가 적 립 금	800,000	800,000
-		이 익 준 비 금	242,000	242,000
-		임 의 적 립 금	200,000	200,000
-		미처분이익잉여금	588,000	588,000
-		매도가능증권평가이익	250,000	250,000
40,000	40,000	자　기　주　식		-

합 계	잔 액	과 목	잔 액	합 계
32,190,000		매 출 액		32,190,000
24,870,000		매 출 원 가		24,870,000
5,544,000		판 매 비 와 관 리 비		5,544,000
330,000		영 업 외 수 익		330,000
1,578,000		영 업 외 비 용		1,578,000
220,000		법 인 세 비 용		220,000
308,000		당 기 순 이 익		308,000
194,372,000	33,695,000	합 계	33,695,000	194,372,000

:: 예제: 추가자료

 자산·부채·자본의 취득·처분·증감 등의 내역

(1) 당기 중 자산의 취득 및 처분 내역은 다음과 같다.

① 단기매매증권의 취득금액은 50,000원이며, 처분금액은 15,000원(장부가액 10,000원)이다.

② 매출채권 중 3,000원을 대손충당금과 상계 처리하였다.

③ 지분법적용투자주식의 취득이나 처분은 없었다.

④ 매도가능증권의 취득은 없었으며, 처분금액은 22,000원(장부가액 22,000원)이다.

⑤ 기계장치 중 일부가 476,000원(장부가액 500,000원, 감가상각누계액 15,000원)에 처분되었다.

⑥ 건설중인자산 중 완성되어 건물로 대체된 금액은 250,000원이다.

(2) 당기 중 부채의 증감 내역은 다음과 같다.

① 장기차입금 중 600,000원이 출자 전환되었다.

② 장기차입금 관련 채무면제이익 120,000원이 발생하였다.

③ 액면가액 1,000,000원의 사채를 880,000원에 발행하였다.

(3) 당기 중 자본의 증감 내역은 다음과 같다.

① 보통주 80주를 10,000원(액면가액 5,000원)에 발행하였다.

② 자기주식 4주를 액면가액으로 취득하였다.

(4) 당기 중 제조원가명세서상 비현금제조원가는 다음과 같다.

(단위 : 원)

계정과목	금 액
퇴　직　급　여	30,000
감　가　상　각　비	95,000
무　형　자　산　상　각　비	55,000
합　　계	180,000

(5) 당기 중 외환차손익 및 외화환산손익의 내역은 다음과 같다.

(단위 : 원)

계정과목	외환차익	외환차손	외화환산이익	외화환산손실
현금및현금성자산	-	-	5,000	-
매　출　채　권	25,000	-	45,000	-
매　입　채　무	-	30,000	-	-
단　기　차　입　금	-	-	-	30,000
장　기　차　입　금	-	60,000	-	-
합　　계	25,000	90,000	50,000	30,000

(6) 당기 중 감가상각비의 내역은 다음과 같다.

(단위 : 원)

계정과목	판매비와관리비	제조원가	합 계
건　　　물	20,000	20,000	40,000
기　계　장　치	-	65,000	65,000
집　기　비　품	10,000	10,000	20,000
합　　계	30,000	95,000	125,000

예제 자료를 계정과목별 정산표로 작성하면 내역은 다음과 같다.

정 산 표

(단위 : 원)

계정과목	기 초	대	중	내역	금 액	기 말
Ⅰ. 유동자산	7,875,000					8,198,000
(1) 당좌자산	3,215,000					2,758,000
현금및현금성자산	200,000	4	1	현금의 증가	(250,000)	450,000
단 기 매 매 증 권	450,000	1	3	단기매매증권평가이익	(10,000)	500,000
		1	3	단기매매증권처분이익	(5,000)	
		2	2	단기매매증권의 취득	(50,000)	
		2	1	단기매매증권의 처분	15,000	
단 기 금 융 상 품	430,000	2	1	단기금융상품의 처분	300,000	320,000
		2	2	단기금융상품의 취득	(190,000)	
매 출 채 권	1,640,000	1	4	매출채권의 감소	569,000	1,113,000
		1	3	외화환산이익	(45,000)	
		5	1	대손충당금에서 대체	3,000	
대 손 충 당 금	(40,000)	1	2	대손상각비	8,000	(45,000)
		5	1	매출채권으로 대체	(3,000)	
미 수 금	440,000	2	1	미수금의 감소	3,560,000	330,000
		2	2	미수금의 증가	(3,450,000)	
선 급 금	95,000	1	4	선급금의 감소	5,000	90,000
재 고 자 산	4,660,000	1	4	재고자산의 증가	(780,000)	5,440,000
제 품	1,800,000					2,620,000
상 품	1,760,000					1,320,000
원 재 료	950,000					1,300,000
저 장 품	150,000					200,000

계정과목	기 초	대	중	내역	금 액	기 말
II. 비유동자산	21,285,000					22,465,000
(1) 투자자산	1,735,000					2,770,000
장 기 금 융 상 품	540,000	2	1	장기금융상품의 처분	8,310,000	430,000
		2	2	장기금융상품의 취득	(8,200,000)	
지분법적용투자주식	200,000	1	3	지분법이익	(32,000)	232,000
매 도 가 능 증 권	600,000	1	2	매도가능증권손상차손	10,000	718,000
		5	1	매도가능증권평가이익에서 대체	(150,000)	
		2	1	매도가능증권의 처분	22,000	
장 기 대 여 금	400,000	2	2	현금의 대여	(1,000,000)	1,400,000
대 손 충 당 금	(5,000)	1	2	기타의 대손상각비	5,000	(10,000)
(2) 유형자산	18,230,000					18,520,000
토 지	8,000,000					8,000,000
건 물	6,500,000	2	2	건물의 취득	(250,000)	7,000,000
		5	1	건설중인자산에서대체	(250,000)	
감가상각누계액	(240,000)	1	2	감가상각비	40,000	(280,000)
기 계 장 치	3,500,000	2	1	기계장치의 처분	476,000	3,000,000
		1	2	유형자산처분손실	9,000	
		5	1	감가상각누계액에서 대체	15,000	
감가상각누계액	(1,350,000)	1	2	감가상각비	65,000	(1,400,000)
		5	1	기계장치로 대체	(15,000)	
집 기 비 품	1,500,000	2	2	집기비품의 취득	(500,000)	2,000,000
감가상각누계액	(580,000)	1	2	감가상각비	20,000	(600,000)
건 설 중 인 자 산	900,000	2	2	건설중인자산의 취득	(150,000)	800,000
		5	1	건물로 대체	250,000	
(3) 무형자산	680,000					625,000
개 발 비	650,000			무형자산상각비	50,000	600,000
영 업 권	30,000			무형자산상각비	5,000	25,000
(4) 기타비유동성자산	640,000					550,000
이연법인세자산	240,000			이연법인세자산의 증가	(110,000)	350,000
보 증 금	400,000			보증금의 감소	200,000	200,000
자산총계	29,160,000					30,663,000

계정과목	기 초	대	중	내역	금 액	기 말
Ⅰ. 유동부채	3,205,000					3,930,000
매 입 채 무	890,000	1	4	매입채무의 증가	10,000	900,000
단 기 차 입 금	1,800,000	3	1	단기차입금의 차입	11,170,000	2,500,000
		3	2	단기차입금의 상환	(10,500,000)	
		1	2	외화환산손실	30,000	
미 지 급 금	250,000	3	1	미지급금의 증가	430,000	260,000
		3	2	미지급금의 감소	(420,000)	
미 지 급 비 용	120,000	1	4	미지급비용의 증가	10,000	130,000
당 기 법 인 세 부 채	145,000	1	4	당기법인세부채의 감소	(5,000)	140,000
Ⅱ. 비유동부채	16,753,000					15,693,000
장 기 차 입 금	11,000,000	5	1	자본금으로 대체	(600,000)	9,000,000
		3	2	장기차입금의 상환	(1,340,000)	
		1	3	채무면제이익	(120,000)	
		1	2	외환차손	60,000	
사 채	6,000,000	3	1	사채의 발행	880,000	7,000,000
		5	1	사채할인발행차금 에서 대체	120,000	
사채할인발행차금	(500,000)	1	2	사채할인발행차금상각	20,000	(600,000)
		5	1	사채로 대체	(120,000)	
퇴직급여충당부채	300,000	1	2	퇴직급여	70,000	350,000
		1	4	퇴직금의 지급	(20,000)	
국 민 연 금 전 환 금	(3,000)	1	4	국민연금전환금의 감소	1,000	(2,000)
퇴 직 보 험 예 치 금	(44,000)	1	4	퇴직보험예치금의 증가	(11,000)	(55,000)
부채총계	19,958,000					19,623,000

계정과목	기 초	대	중	내역	금 액	기 말
Ⅰ. 자본금	7,000,000					8,000,000
보 통 주 자 본 금	7,000,000	3	1	보통주의 발행	400,000	8,000,000
		5	1	장기차입금에서 대체	600,000	
Ⅱ. 자본잉여금	1,400,000					1,800,000
주 식 발 행 초 과 금	600,000	3	1	보통주의 발행	400,000	1,000,000
재 평 가 적 립 금	800,000					800,000
Ⅲ. 이익잉여금	722,000					1,030,000
이 익 준 비 금	242,000					242,000
임 의 적 립 금	200,000					200,000
미처분이익잉여금	280,000	1	1	당기순이익	308,000	588,000
Ⅳ. 자본조정	(20,000)					(400,000)
자 기 주 식	(20,000)	3	2	자기주식의 취득	(20,000)	(40,000)
Ⅳ. 기타포괄손익누계액	100,000					
매도가능증권평가이익	100,000	5	1	매도가능증권으로 대체	150,000	250,000
자기자본 총계	9,202,000					11,040,000
부채와 자본 총계	29,160,000					30,663,000

5. 엑셀을 이용한 현금흐름표 작성연습

예제 자료를 엑셀 피벗테이블로 현금흐름표를 작성하면 다음과 같다.

〈현금흐름표〉

(단위 : 원)

대	중	내 역	금 액
1	1	당기순이익	308,000
		1 합계	308,000
	2	감가상각비	125,000
		기타의대손상각비	5,000
		대손상각비	8,000
		매도가능증권손상차손	10,000
		무형자산상각비	55,000
		사채할인발행차금상각	20,000
		외화환산손실	30,000
		외환차손	60,000
		유형자산처분손실	9,000
		퇴직급여	70,000
		2 합계	392,000
	3	단기매매증권처분이익	(5,000)
		단기매매증권평가이익	(10,000)
		외화환산이익	(45,000)
		지분법이익	(32,000)
		채무면제이익	(120,000)
		3 합계	(212,000)
	4	국민연금전환금의 감소	1,000
		매입채무의 증가	10,000
		매출채권의 감소	569,000
		당기법인세부채의 감소	(5,000)
		당기법인세부채	10,000
		선급금의 감소	5,000
		이연법인세자산의 증가	(110,000)
		재고자산의 증가	(780,000)
		퇴직금의 지급	(20,000)
		퇴직보험예치금의 증가	(11,000)
		4 합계	(331,000)
		1 합계	(157,000)

대	중	내 역	금 액
2	1	기계장치의 처분	476,000
		단기금융상품의 처분	300,000
		단기매매증권의 처분	15,000
		매도가능증권의 처분	22,000
		미수금의 감소	3,560,000
		보증금의 감소	200,000
		장기금융상품의 처분	8,310,000
		1 합계	12,883,000
	2	건물의 취득	(250,000)
		건설중인자산의 취득	(150,000)
		단기금융상품의 취득	(190,000)
		단기매매증권의 취득	(50,000)
		미수금의 증가	(3,450,000)
		장기금융상품의 취득	(8,200,000)
		집기비품의 취득	(500,000)
		현금의 대여	(1,000,000)
		2 합계	(13,790,000)
		2 합계	(907,000)
3	1	단기차입금의 차입	11,170,000
		미지급금의 증가	430,000
		보통주의 발행	800,000
		사채의 발행	880,000
		1 합계	13,280,000
	2	단기차입금의 상환	(10,500,000)
		미지급금의 감소	(420,000)
		자기주식의 취득	(20,000)
		장기차입금의 상환	(1,340,000)
		2 합계	(12,280,000)
		3 합계	1,000,000
4	1	현금의 증가	(250,000)
		1 합계	(250,000)
		4 합계	(250,000)

대	중	내 역	금 액
5	1	감가상각누계액에서 대체	15,000
		건물로 대체	250,000
		건설중인자산에서 대체	(250,000)
		기계장치로 대체	(15,000)
		대손충당금에서 대체	3,000
		매도가능증권평가이익에서 대체	(150,000)
		매출채권으로 대체	(3,000)
		사채로 대체	(120,000)
		사채할인발행차금에서 대체	120,000
		자본금으로 대체	(600,000)
		장기차입금에서 대체	600,000
		매도가능증권으로 대체	150,000
		1 합계	–
		5 합계	–
		총합계	–

예제 자료를 일반기업회계기준에 의하여 현금흐름표를 작성하면 다음과 같다.

<현금흐름표>

(제3기 2014년 1월 1일부터 2014년 12월 31일까지)

(주)예은   (단위 : 원)

과　　　　목	제3기 (당기)	
Ⅰ. 영업활동으로 인한 현금흐름		157,000
1. 당기순이익	308,000	
2. 현금의 유출이 없는 비용 등의 가산	392,000	
퇴　　직　　급　　여	70,000	
대　　손　　상　　각　　비	8,000	
기　타　의　대　손　상　각　비	5,000	
감　　가　　상　　각　　비	125,000	
무　형　자　산　상　각　비	55,000	
사　채　할　인　발　행　차　금　상　각	20,000	
외　　화　　환　　산　　손　　실	30,000	
외　　　　환　　　　차　　　　손	60,000	
매　도　가　능　증　권　손　상　차　손	10,000	
유　형　자　산　처　분　손　실	9,000	
3. 현금의 유입이 없는 수익 등의 차감	(212,000)	
외　　화　　환　　산　　이　　익	45,000	
지　　분　　법　　이　　익	32,000	
채　　무　　면　　제　　이　　익	120,000	
단　기　매　매　증　권　처　분　이　익	5,000	
단　기　매　매　증　권　평　가　이　익	10,000	
4. 영업활동으로인한 자산·부채의 변동	(331,000)	
매출채권의 감소	569,000	
선급금의 감소	5,000	
재고자산의 증가	(780,000)	

과 목	제3기 (당기)	
이연법인세자산의 증가	(110,000)	
국민연금전환금의 감소	1,000	
퇴직보험예치금의 증가	(11,000)	
매입채무의 증가	10,000	
미지급비용의 증가	10,000	
당기법인세부채의 감소	(5,000)	
퇴직금의 지급	(20,000)	
II. 투자활동으로 인한 현금흐름		(907,000)
1. 투자활동으로 인한 현금유입액	12,883,000	
단기금융상품의 처분	300,000	
단기매매증권의 처분	15,000	
미수금의 감소	3,560,000	
장기금융상품의 처분	8,310,000	
매도가능증권의 처분	22,000	
보증금의 감소	200,000	
기계장치의 처분	476,000	
2. 투자활동으로 인한 현금유출액	(13,790,000)	
단기금융상품의 취득	190,000	
단기매매증권의 취득	50,000	
미수금의 증가	3,450,000	
현금의 대여	1,000,000	
장기금융상품의 취득	8,200,000	
건물의 취득	250,000	
집기비품의 취득	500,000	
건설중인자산의 취득	150,000	

과　　　　　목	제3기 (당기)	
Ⅲ. 재무활동으로 인한 현금흐름		1,000,000
1. 재무활동으로 인한 현금유입액	13,280,000	
단기차입금의 차입	11,170,000	
미지급금의 증가	430,000	
사채의 발행	880,000	
보통주의 발행	800,000	
2. 재무활동으로 인한 현금유출액	(12,280,000)	
단기차입금의 상환	10,500,000	
미지급금의 감소	420,000	
장기차입금의 상환	1,340,000	
자기주식의 취득	20,000	
Ⅳ. 현금의 증가		250,000
Ⅴ. 기초의 현금		200,000
Ⅵ. 기말의 현금		450,000

참고자료

일반기업회계기준

(제2장 재무제표의 작성과 표시 I)

한국회계기준원 회계기준위원회 (개정 2014.6.27)

○ 목적

2.1   이 장의 목적은 재무제표의 작성과 표시에 관한 기준을 정하는 데 있다.

○ 적용범위

2.2   이 장은 중간기간을 포함한 모든 회계기간에 대하여 작성하는 재무제표, 연결재무제표 및 기업집단결합재무제표의 작성에 적용한다. 다만, 중간재무제표, 연결재무제표, 기업집단결합재무제표의 작성과 표시에 관하여 특별한 사항은 다른 장 또는 특수분야회계기준에서 정할 수 있다. 특수분야회계기준은 관계 법령 등의 요구사항이나 한국에 고유한 거래나 기업환경 등의 차이를 반영하기 위하여 제정하는 회계기준을 말한다.

2.3   이 장은 모든 업종의 기업에 적용한다. 다만, 특수한 업종을 영위하는 기업의 재무제표 작성과 표시에 관한 특별한 사항은 다른 장 또는 특수분야회계기준에서 정할 수 있다.

○ 재무제표

2.4   재무제표는 재무상태표, 손익계산서, 현금흐름표, 자본변동표로 구성되며, 주석을 포함한다. 전달하고자 하는 정보의 성격을 충실히 나타내는 범위 내에서 이 장에서 사용하는 재무제표의 명칭이 아닌 다른 명칭을 보충적으로 병기할 수 있다.

○ 재무제표 작성과 표시의 일반원칙

  • 계속기업

2.5   경영진은 재무제표를 작성할 때 계속기업으로서의 존속가능성을 평가해야 한다. 경영진이 기업을 청산하거나 경영활동을 중단할 의도를 가지고 있지 않거나, 청산 또는 경영활동의 중단 외에 다른 현실적 대안이 없는 경우가 아니면 계속기업을 전제로 재무제표를 작성한다. 계속기업으로서의 존속능력에 유의적인 의문이 제기될 수 있는 사건이나 상황과 관련된 중요한 불확실성을 알게 된 경우, 경영진은 그러한 불확실성을 공시하여야 한다. 재무제표가 계속기업의 기준하에 작성되지 않는 경우에는 그 사실과 함께 재무제표가 작성된 기준 및 그 기업을 계속기업으로 보지 않는 이유를 공시하여야 한다.

  • 재무제표의 작성책임과 공정한 표시

2.6   재무제표의 작성과 표시에 대한 책임은 경영진에게 있다.

2.7 재무제표는 경제적 사실과 거래의 실질을 반영하여 기업의 재무상태, 경영성과, 현금흐름 및 자본변동을 공정하게 표시하여야 하며, 일반기업회계기준에 따라 적정하게 작성된 재무제표는 공정하게 표시된 재무제표로 본다.

2.8 재무제표가 일반기업회계기준에 따라 작성된 경우에는 그러한 사실을 주석으로 기재하여야 한다. 그러나 재무제표가 일반기업회계기준에서 요구하는 사항을 모두 충족하지 않은 경우에는 일반기업회계기준에 따라 작성되었다고 기재하여서는 아니 된다.

• 재무제표 항목의 구분과 통합표시

2.9 중요한 항목은 재무제표의 본문이나 주석에 그 내용을 가장 잘 나타낼 수 있도록 구분하여 표시하며, 중요하지 않은 항목은 성격이나 기능이 유사한 항목과 통합하여 표시할 수 있다.

2.10 재무제표의 표시와 관련하여 재무제표 본문과 주석에 적용하는 중요성에 대한 판단기준은 서로 다를 수 있다. 예를 들어, 재무제표 본문에는 통합하여 표시한 항목이라 할지라도 주석에는 이를 구분하여 표시할 만큼 중요한 항목이 될 수 있다. 이러한 경우에는 재무제표 본문에 통합하여 표시한 항목의 세부 내용을 주석으로 기재한다.

2.11 일반기업회계기준에서 재무제표의 본문이나 주석에 구분 표시하도록 정한 항목이라 할지라도 그 성격이나 금액이 중요하지 아니한 것은 유사한 항목으로 통합하여 표시할 수 있다.

• 비교재무제표의 작성

2.12 재무제표의 기간별 비교가능성을 제고하기 위하여 전기 재무제표의 모든 계량정보를 당기와 비교하는 형식으로 표시한다. 또한 전기 재무제표의 비계량정보가 당기 재무제표를 이해하는 데 필요한 경우에는 이를 당기의 정보와 비교하여 주석에 기재한다. 예를 들어, 전기 보고기간종료일 현재 미해결 상태인 소송사건이 당기 재무제표가 사실상 확정된 날까지 해결되지 않은 경우에는 전기 보고기간종료일에 불확실성이 존재하였다는 사실과 내용, 당기에 취해진 조치 및 결과 등에 대한 정보를 주석으로 기재한다.

• 재무제표 항목의 표시와 분류의 계속성

2.13 재무제표의 기간별 비교가능성을 제고하기 위하여 재무제표 항목의 표시와 분류는 다음의 경우를 제외하고는 매기 동일하여야 한다.
(1) 일반기업회계기준에 의하여 재무제표 항목의 표시와 분류의 변경이 요구되는 경우
(2) 사업결합 또는 사업중단 등에 의해 영업의 내용이 유의적으로 변경된 경우
(3) 재무제표 항목의 표시와 분류를 변경함으로써 기업의 재무정보를 더욱 적절하게 전달할 수 있는 경우

2.14 재무제표 항목의 표시나 분류방법이 변경되는 경우에는 당기와 비교하기 위하여 전기의 항목을 재분류하고, 재분류 항목의 내용, 금액 및 재분류가 필요한 이유를 주석으로 기재한다. 다만, 재분류가 실무적으로 불가능한 경우에는 그 이유와 재분류되어야 할 항목의 내용을 주석으로 기재한다.

- **재무제표의 보고양식**

2.15 재무제표는 이해하기 쉽도록 간단하고 명료하게 표시하여야 하며, 이 장의 부록 적용사례에 예시된 재무제표의 양식을 참조하여 작성한다. 예시된 명칭보다 내용을 잘 나타내는 계정과목명이 있을 경우에는 그 계정과목명을 사용할 수 있다.

2.16 재무제표는 재무상태표, 손익계산서, 현금흐름표, 자본변동표 및 주석으로 구분하여 작성하며, 다음의 사항을 각 재무제표의 명칭과 함께 기재한다.
   (1) 기업명
   (2) 보고기간종료일 또는 회계기간
   (3) 보고통화 및 금액단위

○ **재무상태표**
○
- **재무상태표의 목적**

2.17 재무상태표는 일정 시점 현재 기업이 보유하고 있는 경제적 자원인 자산과 경제적 의무인 부채, 그리고 자본에 대한 정보를 제공하는 재무보고서로서, 정보이용자들이 기업의 유동성, 재무적 탄력성, 수익성과 위험 등을 평가하는 데 유용한 정보를 제공한다.

- **재무상태표의 기본구조**

2.18 재무상태표의 구성요소인 자산, 부채, 자본은 각각 다음과 같이 구분한다.
   (1) 자산은 유동자산과 비유동자산으로 구분한다. 유동자산은 당좌자산과 재고자산으로 구분하고, 비유동자산은 투자자산, 유형자산, 무형자산, 기타비유동자산으로 구분한다.
   (2) 부채는 유동부채와 비유동부채로 구분한다.
   (3) 자본은 자본금, 자본잉여금, 자본조정, 기타포괄손익누계액 및 이익잉여금(또는 결손금)으로 구분한다.

2.19 자산과 부채는 유동성이 큰 항목부터 배열하는 것을 원칙으로 한다.

- **자산과 부채의 유동성과 비유동성 구분**

2.20 다음과 같은 자산은 유동자산으로 분류한다.
   (1) 사용의 제한이 없는 현금및현금성자산
   (2) 기업의 정상적인 영업주기 내에 실현될 것으로 예상되거나 판매목적 또는 소비목적으로 보유하고 있는 자산
   (3) 단기매매 목적으로 보유하는 자산
   (4) (1) 내지 (3) 외에 보고기간종료일로부터 1년 이내에 현금화 또는 실현될 것으로 예상되는 자산
   그 밖의 모든 자산은 비유동자산으로 분류한다.

2.21 자산은 1년을 기준으로 유동자산과 비유동자산으로 분류한다. 다만, 정상적인 영업주기 내에 판매되거나 사용되는 재고자산과 회수되는 매출채권 등은 보고기간종료일로부터 1년 이내에 실현되지 않더라도 유동자산으로 분류한다. 이 경우 유동자산으로 분류한 금액 중 1년 이내에 실현

되지 않을 금액을 주석으로 기재한다. 또, 장기미수금이나 투자자산에 속하는 매도가능증권 또는 만기보유증권 등의 비유동자산 중 1년 이내에 실현되는 부분은 유동자산으로 분류한다.

2.22 다음과 같은 부채는 유동부채로 분류한다.
(1) 기업의 정상적인 영업주기 내에 상환 등을 통하여 소멸할 것이 예상되는 매입채무와 미지급비용 등의 부채
(2) 보고기간종료일로부터 1년 이내에 상환되어야 하는 단기차입금 등의 부채
(3) 보고기간 후 1년 이상 결제를 연기할 수 있는 무조건의 권리를 가지고 있지 않은 부채. 이 경우 계약상대방의 선택에 따라, 지분상품의 발행으로 결제할 수 있는 부채의 조건은 그 분류에 영향을 미치지 아니한다.
그 밖의 모든 부채는 비유동부채로 분류한다.

2.23 부채는 1년을 기준으로 유동부채와 비유동부채로 분류한다. 다만, 정상적인 영업주기 내에 소멸할 것으로 예상되는 매입채무와 미지급비용 등은 보고기간종료일로부터 1년 이내에 결제되지 않더라도 유동부채로 분류한다. 이 경우 유동부채로 분류한 금액 중 1년 이내에 결제되지 않을 금액을 주석으로 기재한다. 당좌차월, 단기차입금 및 유동성장기차입금 등은 보고기간종료일로부터 1년 이내에 결제되어야 하므로 영업주기와 관계없이 유동부채로 분류한다. 또한 비유동부채 중 보고기간종료일로부터 1년 이내에 자원의 유출이 예상되는 부분은 유동부채로 분류한다.

2.24 보고기간종료일로부터 1년 이내에 상환되어야 하는 채무는, 보고기간종료일과 재무제표가 사실상 확정된 날 사이에 보고기간종료일로부터 1년을 초과하여 상환하기로 합의하더라도 유동부채로 분류한다.

2.25 보고기간종료일로부터 1년 이내에 상환기일이 도래하더라도, 기존의 차입약정에 따라 보고기간종료일로부터 1년을 초과하여 상환할 수 있고 기업이 그러한 의도가 있는 경우에는 비유동부채로 분류한다.

2.26 장기차입약정을 위반하여 채권자가 즉시 상환을 요구할 수 있는 채무는, 보고기간종료일과 재무제표가 사실상 확정된 날 사이에 상환을 요구하지 않기로 합의하더라도 유동부채로 분류한다.

2.27 장기차입약정을 위반하여 채권자가 즉시 상환을 요구할 수 있는 채무라도, 다음의 조건을 모두 충족하는 경우에는 비유동부채로 분류한다.
(1) 보고기간종료일 이전에 차입약정의 위반을 해소할 수 있도록 보고기간종료일로부터 1년을 초과하는 유예기간을 제공하기로 합의하였다.
(2) (1)에서의 유예기간 내에 기업이 차입약정의 위반을 해소할 수 있다.
(3) (1)에서의 유예기간동안 채권자가 즉시 상환을 요구할 수 없다.

2.28 보고기간종료일과 재무제표가 사실상 확정된 날 사이에 발생한 다음과 같은 사건은 주석으로 기재한다.
(1) 장기채무로의 차환(또는 만기연장)
(2) 차입약정 위반의 해소
(3) 차입약정 위반을 해소할 수 있도록 보고기간종료일로부터 1년을 초과하는 유예기간을 획득

• **자본의 분류**

2.29 자본금은 법정자본금으로 한다.

2.30 자본잉여금은 증자나 감자 등 주주와의 거래에서 발생하여 자본을 증가시키는 잉여금이다. 예를 들면, 주식발행초과금, 자기주식처분이익, 감자차익 등이 포함된다.

2.31 자본조정은 당해 항목의 성격으로 보아 자본거래에 해당하나 최종 납입된 자본으로 볼 수 없거나 자본의 가감 성격으로 자본금이나 자본잉여금으로 분류할 수 없는 항목이다. 예를 들면, 자기주식, 주식할인발행차금, 주식선택권, 출자전환채무, 감자차손 및 자기주식처분손실 등이 포함된다.

2.32 기타포괄손익누계액은 보고기간종료일 현재의 매도가능증권평가손익, 해외사업환산손익, 현금흐름위험회피 파생상품평가손익 등의 잔액이다.

2.33 이익잉여금(또는 결손금)은 손익계산서에 보고된 손익과 다른 자본항목에서 이입된 금액의 합계액에서 주주에 대한 배당, 자본금으로의 전입 및 자본조정 항목의 상각 등으로 처분된 금액을 차감한 잔액이다.

- **재무상태표 항목의 구분과 통합표시**

2.34 자산, 부채, 자본 중 중요한 항목은 재무상태표 본문에 별도 항목으로 구분하여 표시한다. 중요하지 않은 항목은 성격 또는 기능이 유사한 항목에 통합하여 표시할 수 있으며, 통합할 적절한 항목이 없는 경우에는 기타항목으로 통합할 수 있다. 이 경우 세부 내용은 주석으로 기재한다.

2.35 현금및현금성자산은 기업의 유동성 판단에 중요한 정보이므로 별도 항목으로 구분하여 표시한다. 현금및현금성자산은 통화 및 타인발행수표 등 통화대용증권과 당좌예금, 보통예금 및 큰 거래비용 없이 현금으로 전환이 용이하고 이자율 변동에 따른 가치변동의 위험이 경미한 금융상품으로서 취득 당시 만기일(또는 상환일)이 3개월 이내인 것을 말한다.

2.36 자본금은 보통주자본금과 우선주자본금으로 구분하여 표시한다. 보통주와 우선주는 배당금 지급 및 청산시의 권리가 상이하기 때문에 자본금을 구분하여 표시한다.

2.37 자본잉여금은 주식발행초과금과 기타자본잉여금으로 구분하여 표시한다.

2.38 자본조정 중 자기주식은 별도 항목으로 구분하여 표시한다. 주식할인발행차금, 주식선택권, 출자전환채무, 감자차손 및 자기주식처분손실 등은 기타자본조정으로 통합하여 표시할 수 있다.

2.39 기타포괄손익누계액은 매도가능증권평가손익, 해외사업환산손익 및 현금흐름위험회피 파생상품평가손익 등으로 구분하여 표시한다.

2.40 이익잉여금은 법정적립금, 임의적립금 및 미처분이익잉여금(또는 미처리결손금)으로 구분하여 표시한다. 이익잉여금 중 법정적립금과 임의적립금의 세부 내용 및 법령 등에 따라 이익배당이 제한되어 있는 이익잉여금의 내용을 주석으로 기재한다.

- **자산과 부채의 총액표시**

2.41 자산과 부채는 원칙적으로 상계하여 표시하지 않는다. 다만, 문단 2.42와 다른 장에서 요구하거나 허용하는 경우에는 예외로 한다.

2.42 기업이 채권과 채무를 상계할 수 있는 법적 구속력 있는 권리를 가지고 있고, 채권과 채무를 순액기준으로 결제하거나 채권과 채무를 동시에 결제할 의도가 있다면 상계하여 표시한다.

2.43 매출채권에 대한 대손충당금 등은 해당 자산이나 부채에서 직접 가감하여 표시할 수 있으며, 이는 문단 2.41의 상계에 해당하지 아니한다. 이 장 외의 다른 장에서 달리 정하는 경우를 제외하고는 자산이나 부채의 가감항목을 해당 자산이나 부채에서 직접 가감하여 표시할 수 있다. 이 경우 가감한 금액을 주석으로 기재한다.

○ 손익계산서

• 손익계산서의 목적

2.44 손익계산서는 일정 기간 동안 기업의 경영성과에 대한 정보를 제공하는 재무보고서이다. 손익계산서는 당해 회계기간의 경영성과를 나타낼 뿐만 아니라 기업의 미래현금흐름과 수익창출능력 등의 예측에 유용한 정보를 제공한다.

• 손익계산서의 기본구조

2.45 손익계산서는 다음과 같이 구분하여 표시한다. 다만, 제조업, 판매업 및 건설업 외의 업종에 속하는 기업은 매출총손익의 구분표시를 생략할 수 있다.
(1) 매출액
(2) 매출원가
(3) 매출총손익
(4) 판매비와관리비
(5) 영업손익
(6) 영업외수익
(7) 영업외비용
(8) 법인세비용차감전계속사업손익
(9) 계속사업손익법인세비용
(10) 계속사업손익
(11) 중단사업손익(법인세효과 차감후)
(12) 당기순손익

2.46 매출액은 기업의 주된 영업활동에서 발생한 제품, 상품, 용역 등의 총매출액에서 매출할인, 매출환입, 매출에누리 등을 차감한 금액이다. 차감 대상 금액이 중요한 경우에는 총매출액에서 차감하는 형식으로 표시하거나 주석으로 기재한다.

2.47 매출액은 업종별이나 부문별로 구분하여 표시할 수 있으며, 반제품매출액, 부산물매출액, 작업폐물매출액, 수출액, 장기할부매출액 등이 중요한 경우에는 이를 구분하여 표시하거나 주석으로 기재한다.

2.48 매출원가는 제품, 상품 등의 매출액에 대응되는 원가로서 판매된 제품이나 상품 등에 대한 제조원가 또는 매입원가이다. 매출원가의 산출과정은 손익계산서 본문에 표시하거나 주석으로 기재한다.

2.49 판매비와관리비는 제품, 상품, 용역 등의 판매활동과 기업의 관리활동에서 발생하는 비용으로서 매출원가에 속하지 아니하는 모든 영업비용을 포함한다.

2.50 판매비와관리비는 당해 비용을 표시하는 적절한 항목으로 구분하여 표시하거나 일괄표시할 수 있다. 일괄표시하는 경우에는 적절한 항목으로 구분하여 이를 주석으로 기재한다.

2.51 영업외수익은 기업의 주된 영업활동이 아닌 활동으로부터 발생한 수익과 차익으로서 중단사업손익에 해당하지 않는 것으로 한다.

2.52 영업외비용은 기업의 주된 영업활동이 아닌 활동으로부터 발생한 비용과 차손으로서 중단사업손익에 해당하지 않는 것으로 한다.

2.53 계속사업손익은 기업의 계속적인 사업활동과 그와 관련된 부수적인 활동에서 발생하는 손익으로서 중단사업손익에 해당하지 않는 모든 손익을 말한다.

2.54 계속사업손익법인세비용은 계속사업손익에 대응하여 발생한 법인세비용이다.

2.55 중단사업손익은 중단사업으로부터 발생한 영업손익과 영업외손익으로서 사업중단직접비용과 중단사업자산손상차손을 포함하며, 법인세효과를 차감한 후의 순액으로 보고하고 중단사업손익의 산출내역을 주석으로 기재한다. 이 때 중단사업손익에 대한 법인세효과는 손익계산서의 중단사업손익 다음에 괄호를 이용하여 표시한다.

2.56 당기순손익은 계속사업손익에 중단사업손익을 가감하여 산출하며, 당기순손익에 기타포괄손익을 가감하여 산출한 포괄손익의 내용을 주석으로 기재한다. 이 경우 기타포괄손익의 각 항목은 관련된 법인세효과가 있다면 그 금액을 차감한 후의 금액으로 표시하고 법인세효과에 대한 내용을 별도로 기재한다.

• 수익과 비용의 총액표시

2.57 수익과 비용은 각각 총액으로 보고하는 것을 원칙으로 한다. 다만, 다른 장에서 수익과 비용을 상계하도록 요구하는 경우에는 상계하여 표시하고, 허용하는 경우에는 상계하여 표시할 수 있다.

O 현금흐름표

• 현금흐름표의 목적

2.58 현금흐름표는 기업의 현금흐름을 나타내는 표로서 현금의 변동내용을 명확하게 보고하기 위하여 당해 회계기간에 속하는 현금의 유입과 유출내용을 적정하게 표시하여야 한다.

• 현금흐름표의 기본구조

2.59 현금흐름표는 영업활동으로 인한 현금흐름, 투자활동으로 인한 현금흐름, 재무활동으로 인한 현금흐름으로 구분하여 표시하고, 이에 기초의 현금을 가산하여 기말의 현금을 산출하는 형식으로 표시한다. 현금흐름표에서 현금이라 함은 문단 2.35에서 규정하는 현금및현금성자산을 말한다.

● 영업활동으로 인한 현금흐름

2.60 영업활동이라 함은 일반적으로 제품의 생산과 상품 및 용역의 구매·판매활동을 말하며, 투자활동과 재무활동에 속하지 아니하는 거래를 모두 포함한다.

2.61 영업활동으로 인한 현금의 유입에는 제품 등의 판매에 따른 현금유입(매출채권의 회수 포함), 이자수익과 배당금수익, 기타 투자활동과 재무활동에 속하지 아니하는 거래에서 발생된 현금유입이 포함된다.

2.62 영업활동으로 인한 현금의 유출에는 원재료, 상품 등의 구입에 따른 현금유출(매입채무의 결제 포함), 기타 상품과 용역의 공급자와 종업원에 대한 현금지출, 법인세(토지등 양도소득에 대한 법인세 제외)의 지급, 이자비용, 기타 투자활동과 재무활동에 속하지 아니하는 거래에서 발생된 현금유출이 포함된다.

● 영업활동으로 인한 현금흐름의 표시방법

2.63 영업활동으로 인한 현금흐름은 직접법 또는 간접법으로 표시한다.

2.64 직접법이라 함은 현금을 수반하여 발생한 수익 또는 비용항목을 총액으로 표시하되, 현금유입액은 원천별로 현금유출액은 용도별로 분류하여 표시하는 방법을 말한다. 이 경우 현금을 수반하여 발생하는 수익·비용항목을 원천별로 구분하여 직접 계산하는 방법 또는 매출과 매출원가에 현금의 유출·유입이 없는 항목과 재고자산·매출채권·매입채무의 증감을 가감하여 계산하는 방법으로 한다.

2.65 간접법이라 함은 당기순이익(또는 당기순손실)에 현금의 유출이 없는 비용 등을 가산하고 현금의 유입이 없는 수익 등을 차감하며, 영업활동으로 인한 자산·부채의 변동을 가감하여 표시하는 방법을 말한다.
　(1) 현금의 유출이 없는 비용 등은 현금의 유출이 없는 비용, 투자활동과 재무활동으로 인한 비용을 말한다.
　(2) 현금의 유입이 없는 수익 등은 현금의 유입이 없는 수익, 투자활동과 재무활동으로 인한 수익을 말한다.
　(3) 영업활동으로 인한 자산·부채의 변동은 영업활동과 관련하여 발생한 유동자산 및 유동부채의 증가 또는 감소를 말한다.

● 투자활동으로 인한 현금흐름

2.66 투자활동이라 함은 현금의 대여와 회수활동, 유가증권·투자자산·유형자산 및 무형자산의 취득과 처분활동 등을 말한다.

2.67 투자활동으로 인한 현금의 유입에는 대여금의 회수, 단기투자자산 · 유가증권 · 투자자산 · 유형자
산 · 무형자산의 처분 등이 포함된다.

2.68 투자활동으로 인한 현금의 유출에는 현금의 대여, 단기투자자산 · 유가증권 · 투자자산 · 유형자
산 · 무형자산의 취득에 따른 현금유출로서 취득 직전 또는 직후의 지급액 등이 포함된다.

   • **재무활동으로 인한 현금흐름**

2.69 재무활동이라 함은 현금의 차입 및 상환활동, 신주발행이나 배당금의 지급활동 등과 같이 부채
및 자본계정에 영향을 미치는 거래를 말한다.

2.70 재무활동으로 인한 현금의 유입에는 단기차입금 · 장기차입금의 차입, 어음 · 사채의 발행, 주식의
발행 등이 포함된다.

2.71 재무활동으로 인한 현금의 유출에는 배당금의 지급, 유상감자, 자기주식의 취득, 차입금의 상환,
자산의 취득에 따른 부채의 지급 등이 포함된다.

   • **기타 표시방법**

2.72 현금흐름표는 다음과 같이 표시한다.
   (1) 현금의 유입과 유출내용에 대하여는 기중 증가 또는 기중 감소를 상계하지 아니하고 각각 총
       액으로 표시한다. 다만, 거래가 빈번하여 총금액이 크고 단기간에 만기가 도래하는 현금의
       유입과 유출항목은 순증감액으로 표시할 수 있다.
   (2) 사채발행 또는 주식발행으로 인한 현금유입시에는 발행금액으로 표시한다.

2.73 다음 사항을 주석으로 기재한다.
   (1) 다음과 같은 현금의 유입과 유출이 없는 거래
       현물출자로 인한 유형자산의 취득, 유형자산의 연불구입, 무상증자, 무상감자, 주식배당, 전
       환사채의 전환 등 현금의   유입과 유출이 없는 거래 중 유의적인 거래
   (2) 직접법으로 작성한 경우에는 당기순이익(당기순손실)과 당기순이익(당기순손실)에 가감할 항
       목에 관한 사항

○ 자본변동표

   • **자본변동표의 목적**

2.74 자본변동표는 자본의 크기와 그 변동에 관한 정보를 제공하는 재무보고서로서, 자본을 구성하고
있는 자본금, 자본잉여금, 자본조정, 기타포괄손익누계액, 이익잉여금(또는 결손금)의 변동에 대
한 포괄적인 정보를 제공한다.

   • **자본변동표의 기본구조**

2.75 자본변동표에는 자본금, 자본잉여금, 자본조정, 기타포괄손익누계액, 이익잉여금(또는 결손금)의
각 항목별로 기초잔액, 변동사항, 기말잔액을 표시한다.

2.76 자본금의 변동은 유상증자(감자), 무상증자(감자)와 주식배당 등에 의하여 발생하며, 자본금은 보통주자본금과 우선주자본금으로 구분하여 표시한다.

2.77 자본잉여금의 변동은 유상증자(감자), 무상증자(감자), 결손금처리 등에 의하여 발생하며, 주식발행초과금과 기타자본잉여금으로 구분하여 표시한다.

2.78 자본조정의 변동은, 자기주식은 구분하여 표시하고 기타자본조정은 통합하여 표시할 수 있다.

2.79 기타포괄손익누계액의 변동은, 매도가능증권평가손익, 해외사업환산손익 및 현금흐름위험회피 파생상품평가손익은 구분하여 표시하고 그 밖의 항목은 그 금액이 중요할 경우에는 적절히 구분하여 표시할 수 있다.

2.80 이익잉여금의 변동은 다음과 같은 항목으로 구분하여 표시한다.
(1) 회계정책의 변경으로 인한 누적효과
(2) 중대한 전기오류수정손익
(3) 연차배당(당기 중에 주주총회에서 승인된 배당금액으로 하되 현금배당과 주식배당으로 구분하여 기재)과 기타 전기말 미처분이익잉여금의 처분
(4) 중간배당(당기 중에 이사회에서 승인된 배당금액)
(5) 당기순손익
(6) 기타: (1) 내지 (5) 외의 원인으로 당기에 발생한 이익잉여금의 변동으로 하되, 그 금액이 중요한 경우에는 적절히 구분하여 표시한다.

2.81 자본변동표에서 전기에 이미 보고된 이익잉여금(또는 결손금)의 금액이 당기에 발생한 회계정책의 변경이나 중대한 전기오류수정으로 인하여 변동된 경우에는 전기에 이미 보고된 금액을 별도로 표시하고 회계정책 변경이나 오류수정이 매 회계연도에 미치는 영향을 가감한 수정후 기초이익잉여금을 표시한다.

○ 주석

• 구조

2.82 주석은 다음의 사항을 포함한다.
(1) 재무제표 작성기준 및 유의적인 거래와 회계사건의 회계처리에 적용한 회계정책
(2) 일반기업회계기준에서 주석공시를 요구하는 사항
(3) 재무상태표, 손익계산서, 현금흐름표 및 자본변동표의 본문에 표시되지 않는 사항으로서 재무제표를 이해하는 데 필요한 추가 정보

2.83 주석은 재무상태표, 손익계산서, 현금흐름표 및 자본변동표에 인식되어 본문에 표시되는 항목에 관한 설명이나 금액의 세부내역뿐만 아니라 우발상황 또는 약정사항과 같이 재무제표에 인식되지 않는 항목에 대한 추가 정보를 포함하여야 한다.

2.84 한국채택국제회계기준 등의 최초적용으로 인한 회계기준의 중요한 변동이 예상되는 경우, 기업의 준비상황 및 재무제표에 미칠 수 있는 영향 등을 추가 정보로 공시할 것을 권장한다.

2.85 주석은 일반적으로 재무제표이용자가 재무제표를 이해하고 다른 기업의 재무제표와 비교하는 데 도움이 될 수 있도록 다음의 순서로 작성한다.
(1) 일반기업회계기준에 준거하여 재무제표를 작성하였다는 사실의 명기
(2) 재무제표 작성에 적용된 유의적인 회계정책의 요약
(3) 재무제표 본문에 표시된 항목에 대한 보충정보(재무제표의 배열 및 각 재무제표 본문에 표시된 순서에 따라 공시한다)
(4) 기타 우발상황, 약정사항 등의 계량정보와 비계량정보

- 회계정책의 공시

2.86 주석으로 기재하는 유의적인 회계정책의 요약은 다음 사항을 포함하여야 한다.
(1) 재무제표를 작성하는 데 사용한 측정속성
(2) 재무제표를 이해하는 데 필요한 기타의 회계정책

2.87 재무제표에 영향을 미치는 회계정책을 적용할 때 경영진이 내린 판단의 근거를 문단 2.85(2) 또는 (4)의 주석으로 기재한다.

- 측정상의 유의적인 가정

2.88 미래에 관한 유의적인 가정과 측정상의 불확실성에 대한 기타 정보를 주석으로 기재하여야 한다. 이러한 사항은 차기에 자산과 부채의 장부금액에 대한 유의적인 조정을 유발할 수 있는 위험과 관련이 있다. 따라서 이에 영향을 받을 자산과 부채에 대하여 다음 사항 등을 주석으로 기재한다.
(1) 자산과 부채의 성격
(2) 보고기간종료일 현재의 자산과 부채의 장부금액
(3) 위 (2)의 장부금액이 차기에 유의적으로 조정될 가능성이 있다는 사실

- 이익잉여금처분계산서

2.89 상법 등 관련 법규에서 이익잉여금처분계산서(또는 결손금처리계산서)의 작성을 요구하는 경우에는 재무상태표의 이익잉여금(또는 결손금)에 대한 보충정보로서 이익잉여금처분계산서(또는 결손금처리계산서)를 주석으로 공시한다.

- 배당정보의 공시

2.90 이익잉여금처분예정액으로서 주식의 종류별 주당배당금액, 액면배당률, 배당성향, 배당액의 산정내역을 주석으로 기재한다.

[표]

[용어]

참고문헌

- 일반기업회계기준 ; 한국회계기준원
- 한국채택국제회계기준 ; 한국회계기준원

작성예제

- 작성예제 엑셀파일 내려받기
- 도서 구매자는 한국재정경제연구소 출판센터 「코페하우스」 웹사이트에서 회원가입 후 내려받아 사용할 수 있습니다.
- www.kofe.kr 〉 발행도서 〉 도서자료

저자소개

주 홍 선

인하대학교 경제통상학부 졸업
단국대학교 정책대학원 수료
영화회계법인·삼정회계법인·신우회계법인 근무
현) 한국재정경제연구소 전문위원
현) 선우회계법인 근무
현) 공인회계사

● 작성의뢰 및 강의 요청

전화 02-562-4355 팩스 02-552-2210 온라인신청 www.kofe.kr(상담실)

현금흐름표 작성과 분석 실무

제1판 1쇄 발행 | 2004년 6월 15일
제2판 1쇄 발행 | 2007년 1월 25일
제3판 1쇄 발행 | 2015년 1월 30일

지은이 | 주홍선

발행인 | 강석원
발행처 | 한국재정경제연구소(코페하우스)
출판등록 | 제2-584호(1988.6.1)

주소 | 서울특별시 강남구 테헤란로 406
전화 | (02) 562-4355
팩스 | (02) 552-2210
이메일 | kofe@kofe.kr
홈페이지 | www.kofe.kr

ISBN 978-89-85808-32-8 (13320)

정가 20,000원

코페하우스 는 한국재정경제연구소 출판브랜드입니다.

이 도서의 국립중앙도서관 출판시도서목록(CIP)은 서지정보유통지원시스템 홈페이지(http://seoji.nl.go.kr)와 국가자료공동
목록시스템(http://www.nl.go.kr/kolisnet)에서 이용하실 수 있습니다. (CIP제어번호 : CIP2015001722)